MW01634963

ILIUSTRUOTAS ANGLŲ–LIETUVIŲ KALBŲ ŽODYNAS

Sudarytojas Jacek Lang

Iliustravo Marian Winiecki

VAIGA

UDK 801.3=20=882
Il-32

Iš lenkų kalbos vertė
ir lietuvių kalbai pritaikė
Antanina Kairytė

Tiražas 3000
UAB „Vaiga", Draugystės g. 19
LT-51230 Kaunas
El. p. vaiga@vaiga.lt
Spausdinta Slovakijoje

ISBN 978-9955-407-77-5

Turinys

Parengėme šį žodyną tam, kad būtų paprasčiau ir maloniau mokytis anglų kalbos, padedančios bendrauti visame pasaulyje.

Virš 2000 žodžių ir posakių, iliustruotų sąmojingais piešiniais, padės lengviau suprasti anglų kalbos gramatikos ypatumus, nes šios kalbos gramatika kartais pasirodo sunki ir sudėtinga.

Pamėginkite pradėti iš pradžių, nuo skyrelio „Trumpa gramatika", ir pamatysite, kad „ne tokia ta anglų kalba baisi...". Perskaitę šiuos kelis puslapius neabejosite, ar rašyti *the aunt*, ar *an aunt*, kai norėsite pasakoti apie kieno nors tetą, arba kurį laiką turėtumėte pavartoti norėdami išreikšti jau keletą metų trunkantį potraukį... kinui. Svarbiausi anglų kalbos dalykai čia paaiškinti pasitelkiant akivaizdžius atitinkamus pavyzdžius, kad visiems būtų aišku ir paprasta. Tikriausiai viską suprasite ir įsidėmėsite.

„Iliustruoto anglų–lietuvių kalbų žodyno" žodžiai arba posakiai su pavyzdžiais pateikiami 49 skyreliuose, suskirstytuose pagal temas – nuo įprastų pasisveikinimų, žodžių pokalbiui pradėti, žodžių apie mokyklą, laisvalaikį, kompiuterį ir internetą iki žodžių, kuriais galima papasakoti apie trokštamas pamatyti pasaulio vietas. Sutrumpinimu *Am.* žymimi amerikiečių anglų kalbai būdingi žodžiai, o * pažymėti tam tikra reikšme vartojami ir suprantami tik juos vartojantiems žmonėms žodžiai – slengas.

Viena iš kliūčių mokantis bet kurios užsienio kalbos yra taisyklinga tartis, kuri dažnai nepanaši į gimtosios kalbos tartį. Anglų kalba labai paplitusi visame pasaulyje, visiems prieinama, girdima koncertuose, per radiją ir televiziją, todėl galima dažnai klausytis jos skambesio. Mokytis taisyklingos tarties padeda garsų simboliai. Jie prie žodžių ir posakių nurodyti skyrelyje „Lietuvių–anglų kalbų žodynėlis" šios knygos gale. Išmokite taisyklingai skaityti ir rašyti angliškai. Tikrai verta!

Linkime malonaus užsiėmimo, kuris padėtų pasiekti
„Perfect English every day"!

Trumpa gramatika,
arba ne tokia ta anglų kalba baisi...

Peržvelkime svarbiausius anglų kalbos veiksmažodžių laikus tokia tvarka, kokia paprastai jie pateikiami mokantis.

Veiksmažodis – pagrindiniai laikai

Anglų kalbos veiksmažodžių laikų formos sudaromos labai logiškai, iš esmės taip sako ir „laimingieji", besiskundžiantys, kad turi mokytis tą kalbą.

Kad suprastumėte laikų vartojimo taisykles, pravartu trumpai pagalvoti, kurios formos reikalingos ir kur bei su kuo norime pasikalbėti. Pradžioje pakanka tiek, o paskui reikia atkreipti dėmesį į keletą dalykų, lemiančių tinkamą reikiamos anglų kalbos gramatinės konstrukcijos pasirinkimą ir... pirmyn!

Lietuvoje sakoma:

> *Rašau.*

> Atrodo, viskas aišku, bet taip sakyti galima trijose visai skirtingose situacijose.

Pavyzdžiui:

> *Retai rašau tušinuku.*

> Čia nenurodoma dabartis, o tik tam tikras įprotis. Iš šio sakinio aišku, kad tai ne dabar vykstantis veiksmas, nes taip buvo ir anksčiau, turbūt bus ir ateityje, o dabar galbūt niekas nieko visai nerašo.

Dar galima pasakyti:

> *Nuo tada, kai pradėjau naudotis kompiuteriu, retai rašau tušinuku.*

> Šiuo atveju paaiškinama, kas retai vyksta nuo kažkurio praeities laiko.

Taip pat galima sakyti:

> *Rytoj rašau sunkų testą.*

> Aišku, kad šis sakinys nieko bendra su dabartimi neturi.

Anglų kalboje visose šiose situacijose taip pat vartojamas esamasis laikas, bet kaskart vis kitas, nes jų yra net keturi.

Kai reikia nuspręsti, kurį pasirinkti, turime atkreipti dėmesį į tai, ar tą patį laiką – taip vadinamą „dabarties" – vartotume nusakyti praeities, ateities arba visada vykstantį veiksmą (pavyzdžiui, mes kasdien geriame kavą, bet nebūtinai šiuo metu siekiame puodelio).

Simple Present

Kaip ir lietuvių kalboje, šis laikas vartojamas reikšti įprastus, nuolat pasikartojančius, dažnai atliekamus arba neatliekamus veiksmus.

Jis sudaromas labai paprastai – pakanka pagrindinės veiksmažodžio formos, t. y. bendraties be dalelytės *to*, ir viskas. Tik reikia prisiminti, kad vienaskaitos trečiajame asmenyje pridedama galūnė *-s*.

> *I go on holiday in August.*
>
> Taip yra kasmet, kiekvieną rugpjūtį – tai įprasta.
>
> *You go on holiday in August.*
> *He goes on holiday in August.*
> *We go on holiday in August.*
> *You go on holiday in August.*
> *They go on holiday in August.*

Iki šios vietos viskas tikriausiai suprantama.

Sunkiau gali būti su klausimais ir neigiamais sakiniais, nes gali kilti neaiškumų dėl jų sudarymo.

Klausiama:

> *Do you often eat here? – Ar dažnai čia valgai?*
> *Does your girlfriend like your parents? – Ar tavo draugei patinka tavo tėvai?*
>
> Į lietuvių kalbą išverstas žodelis *do* arba *does* (pagalbinis veiksmažodis) čia reiškia ne tą patį, kaip jungtukas *ar*, *arba*, todėl reikia būti atidiems, kad nekiltų nesusipratimų.

Paprasčiausiai, kai išgirstama

> *Do you...* arba *Does your friend...,*
>
> iš karto žinoma, kad tai *Simple Present* laiko klausimas, apie nuolat, dažnai vykstantį veiksmą. Suprantama, prie vienaskaitos trečiojo asmens reikia pridėti galūnę *-s*. Šiuokart ji pridedama prie pagalbinio veiksmažodžio *do* ir jis tampa *does*:
>
> Neigiamas sakinys taip pat sudaromas vartojant pagalbinį veiksmažodį *do* arba *does*:
> *I do not like her (I don't like her).*
> *– Man ji nepatinka.*

Present Continuous

Svarbiausia prisiminti, kad šį laiką sudaro du žodžiai: kaitomas veiksmažodis *to be* ir pagrindinis veiksmažodis su galūne *-ing*. Pilna *Present Continuous*, kartais vadinamo *Present Progressive*, laiko forma yra, pvz.: *I am doing*. Vienas žodis *doing* nereiškia jokio laiko ir apie tai dažnai pamirštama. Dažniausiai šis laikas vartojamas trimis atvejais ir atitinka lietuvių kalbos esamąjį laiką, todėl neturėtų kilti sunkumų. Kurį laiką vartoti ketvirtuoju atveju, priklauso nuo kalbėtojo emocinės būklės ir nuo to, kaip tas veiksmas vertinamas.

1. Reiškiamas veiksmas, kai galima pasakyti „dabar".

Palyginkime:
Nieko neveikiu.
I am doing nothing.

> Čia „dabar" reiškia šį momentą, iš situacijos numanomą trumpą laikotarpį, kai nieko neveikiama.

Arba:
Dabar taupome, nes norime įsigyti naują automobilį.
We are saving to get a new car.

> Čia „dabar" gali reikšti ilgą laikotarpį – visą laiką taupome.
> Abiem atvejais vartojamas *Present Continuous* laikas.

2. Reiškiami suplanuoti veiksmai.

Rytoj važiuoju prie jūros.

Tomorrow I am going to the sea.

> Ne „dabar" važiuoju, bet susiplanavau ir tikrai žinau, kad važiuoju rytoj.

3. Reiškiami procesai.

Palyginkime sakinius:
I get fatter.
I am getting fatter.

Abu reiškia:
Aš storėju.

> Antrajame sakinyje reiškiamas visą laiką vykstantis procesas.
> Pirmajame sakinyje pavartotas *Simple Present* laikas, tad turėtų būti reiškiamas įprastas, nuolat pasikartojantis, dažnai vykstantis veiksmas. Kad tai būtų aišku, reikalingi nurodomieji žodžiai arba tam tikra situacija.

Galima pasakyti:
I get fatter every winter.
Aš storėju kiekvieną žiemą.

Išreikštas nuolat, kiekvieną žiemą pasikartojantis veiksmas.

Arba:
He is going crazy.
Jis eina iš proto (žavisi kuo nors).

Tai yra *vis labiau netenka proto* – visą laiką vykstantis procesas..

Palyginkime:
He goes crazy.
Jis eina iš proto (žavisi kuo nors).

Čia reikia nurodomųjų žodžių, padedančių suprasti, kad tai įprastas, nuolat pasi-kartojantis veiksmas. Pavyzdžiui:

He goes crazy in spring. – Jis eina iš proto pavasarį (žavisi, džiaugiasi juo).

Arba:
He goes crazy every time he sees her.
– Jis eina iš proto (žavisi ja) *kaskart, kai ją pamato.*

4. Reiškiama nuomonė apie kieno nors elgesį.

Jei kas nors kalba apie kieno nors įprastus veiksmus ir vartoja ne *Simple Present* laiką, o *Present Continuous*, tai išreiškia savo neigiamą požiūrį.

Pavyzdžiui:
He always washes his car at the weekend.

Patvirtinamas faktas, kad jis kas savaitgalį plauna savo automobilį.

He is always washing his car at the weekend.

Reiškiama nuomonė, kad tai nėra pats geriausias ar įdomiausias savaitgalio užsiėmimas.

Simple Past

Šis laikas atitinka lietuvių kalbos būtąjį laiką. Tik reikia prisiminti, kad angliškame sakinyje tada būtinai turi būti nurodytas konkretus praeities laikas. Jei toks laikas nenurodomas, anglų kalboje vartojamas kitas veiksmažodžių laikas – *Present Perfect*. Tad reikia atkreipti dėmesį į tikslinančią laiko aplinkybę, nurodančią, kada praeityje įvyko veiksmas.

Pavyzdžiui:
Buvau ten.

> Tokį sakinį į anglų kalbą reikėtų versti vartojant *Present Perfect* laiką, nes nenurodoma, kada tai įvyko. Nurodomos ne smulkmenos apie praeitį, o norima pabrėžti buvimo ten pasekmes (pažįstu tą vietovę).

Norint pabrėžti praeities veiksmą vartojama praeitį nurodanti laiko aplinkybė ir sakoma:
I <u>was</u> there two weeks ago. – Buvau ten prieš dvi savaites.

Bet:
I <u>have been</u> there. – Buvau ten. (Norima pabrėžti tik tai, kad esu buvęs, bet nesvarbu, kada.)

> Klausimai ir neigiami sakiniai sudaromi taip pat kaip ir su *Simple Present*, tik pagalbinis veiksmažodis yra ne *do*, o jo būtasis laikas – *did* (visiems asmenims tas pats).

Pavyzdžiui:

When <u>did</u> you <u>see</u> her? – Kada ją matei?
I <u>did not</u> (didn't) <u>talk</u> to her then. – Tada su ja nekalbėjau.

Present Perfect

Pirmiausia reikia įsidėmėti, kad *Present Perfect* laikas – tai ne vien trečioji veiksmažodžio forma, bet ir einanti kartu atitinkama veiksmažodžio *have* forma.

Žodis *done* reiškia padarytas, o norint tą žodį pavartoti *Present Perfect* laiku reikia pridėti *have*:
I <u>have done</u> it. – Aš tai padariau.

Nelengva suprasti, kada tą laiką vartoti, bet galima pasiguosti tuo, kad jo vartojimas pagrįstas logika. Pirmiausia verta prisiminti pavadinimą – *Present Perfect*, iš kurio aišku, kad tai esamasis laikas. Tą svarbu prisiminti. Šis laikas vartojamas dviem visai skirtingais atvejais, bet visada kokiu nors būdu susijusiais su dabartimi.

1. I _have seen_ this film. – *Mačiau šį filmą.*

> Kai taip sakoma, reiškia, kad nesvarbu, kada tai buvo, bet svarbu, kokia to
> pasekmė. Galbūt daugiau nebenoriu jo žiūrėti arba galiu papasakoti, apie ką
> jis, ir pan.

I _have met_ him. – *Susipažinau su juo.*

> Taigi jį pažįstu ir nereikia man apie jį pasakoti. Iš tikrųjų tai praeityje įvykęs
> veiksmas, bet čia ne praeitis svarbu, o dabartis (dabar jį pažįstu), todėl
> vartojamas *Present Perfect* laikas.

2. I _have known_ him for ten years. – *Pažįstu jį jau dešimt metų.*

> Čia *Present Perfect* laikas vartojamas dėl to, kad svarbu ne faktas, jog prieš
> dešimt metų susipažinau, o tai, kad apskritai susipažinau. Reiškia, šiuo atveju
> svarbu tai, kad jau nuo tada pažįstu, o ne tai, kada susipažinau.

Pavyzdžiui:
I _have been married_ for three years.

> Tai reiškia, kad ištekėjau/vedžiau prieš trejus metus, ir dabar dar esu ištekė-
> jusi/vedęs. Pabrėžiama, kas svarbu dabar.

I _was married_ for three years.

> Informuojama apie tai, kad trejus metus buvau ištekėjusi/vedęs, bet dabar jau esu
> netekėjusi/nevedęs – vėl laisva/laisvas. Čia norima pabrėžti praeitį.

Labai svarbu prisiminti, kad reikšdami mintį turite žinoti, ar svarbu praeitis, ar dabartis,
nes nuo to priklauso, kurį laiką reikės vartoti.

Klausiame:
Have you ever _been_ to England? – *Ar esi kada nors buvęs Anglijoje?*

> Žodis *ever* čia nenurodo praeities laiko – kada nors tai gali įvykti ir ateityje.

Bet jei norima paklausti apie žmogų, kurio jau nebėra gyvo, vartojamas būtasis laikas:
Did he ever _go_ abroad? – *Ar jis kada nors yra buvęs užsienyje?*

> Šiuo atveju *ever* jau yra praeitis, t. y. *over* arba reiškia, kad to jau niekada nebus.

Past Continuous

1. Vartojamas aprašymuose, perteikiant vadinamą *background action* – veiksmą vykstantį tuo metu, kai įsiterpia kitas.

Kažkas vyko, kai įsiterpė kitas veiksmas – taip aprašoma situacija, veiksmų aplinkybės, fonas. Galima pateikti tokį pavyzdį:

I <u>was having</u> a bath when the phone <u>rang</u>. – Maudžiausi vonioje, kai suskambo telefonas.

> Maudymasis ir yra fonas (*background action*). Taigi besitęsiant šiam veiksmui (vykusiam ilgesnį laiką), įsiterpė kitas veiksmas – kažkas paskambino (trumpiau trukęs veiksmas). Besitęsiančiam, ilgiau vykusiam veiksmui reikšti čia vartojamas *Past Continuous* laikas.

Taip pat sakoma:

I <u>slipped</u> when I <u>was going</u> out. – Paslydau, kai ėjau į lauką.

> Ėjimas į lauką netruko ilgai, bet ilgiau negu paslydimas, todėl veiksmas, kuris tęsėsi ilgiau, reiškiamas *Past Continuous* laiku.

> Jei norima pasakyti faktą, kad kažkas dešimt metų dirbo Vokietijoje, vartojamas Simple Past laikas:

He <u>worked</u> in Germany for ten years.

> Bet jei norima pasakyti,a kad jam ten dirbant (ilgesnį laiką trukęs veiksmas) kažkas atsitiko (trumpiau trukęs veiksmas), besitęsiantis, ilgiau trukęs veiksmas reiškiamas *Past Continuous* laiku:

He <u>met</u> his wife while he <u>was working</u> in Germany. – Jis susipažino su žmona, kai dirbo Vokietijoje.

2. Vartojamas, kai norima pasakyti, kad tam tikru laiku praeityje kažkas vyko. Kito veiksmo gali nebūti. Palyginkime:

At six I <u>drove</u> home. – Šeštą išvažiavau namo.
At six I <u>was driving</u> home. – Šeštą važiavau namo.

> Pirmajame sakinyje norima pasakyti, kad būtent šeštą valandą sėdau į automobilį ir išvažiavau namo, o antrajame – kad šeštą valandą jau buvau automobilyje ir važiavau namo. Tą pačia situaciją galima perteikti ir patislinus antrąjį sakinį:

Važiavau namo, kai buvo šešta valanda. – I <u>was driving</u> home when it <u>was</u> six.

3. Panašiai kaip *Present Continuous*, taip ir *Past Continuous* vartojamas išreikšti neigiamą požiūrį.

She <u>was</u> always <u>talking</u> a lot.

> Čia norima pasakyti, kad jos įprotis buvo nepaliaujamas kalbėjimas, kas labai erzino.

Simple Future

Sudaromas iš pagalbinio veiksmažodžio *will* (visiems asmenims) ir reikiamo veiksmažodžio bendraties be dalelytės *to* – čia taip pat reikalingi du žodžiai.

I <u>will work</u>. – Dirbsiu. / Aš dirbsiu.

Kaip ir lietuvių kalboje, šis laikas vartojamas ateities veiksmui reikšti, bet ne taip kaip lietuvių kalboje, anglų kalbos sakinys negali būti be veiksnio. Anglų kalboje dažnai pridedama ir ateities laiką nusakanti aplinkybė:

I <u>will work</u> tomorrow. – Rytoj dirbsiu. / Aš dirbsiu rytoj.

Daiktavardis

Anglų kalbos daiktavardžiai nekaitomi giminėmis. Giminė paprastai nurodoma asmeniniais įvardžiais: *she* ir *he* – žmonėms, o *it* – daiktams ir gyvūnams. Kalbant apie kūdikius taip pat vartojamas *it*.
Daiktavardžių daugiskaita sudaroma pridedant galūnę *-s*: *car – cars, phone – phones*. Kaip visada yra ir išimčių. Pirmiausia, prie daiktavardžių, kurie baigiasi priebalsiais *s, sh, ch* arba *x*, po kurių būtų sunku ištarti *-s*, pridedama galūnė *-es*, kuri tariama /ɪz/.

Pavyzdžiui: *box – boxes, church – churches.*

Antra, prie daiktavardžių, kurie baigiasi *-f* arba *-fe*, pridedama galūnė *-ves*: *half – halves*. Kiti tokie daiktavardžiai: *knife, leaf, life, wife, wolf, self.*

Kai kurių daiktavardžių daugiskaita sudaroma netaisyklingai.

Pavyzdžiui: *man – men, woman – women, child – children.*
Nuogąstauti neverta, nes tokių daiktavardžių yra nedaug.

Artikeliai

Atvirai kalbant, tai sunki anglų kalbos gramatikos vieta, bet pagrindines taisykles žinoti pravartu. Artikelis *a* vartojamas, kai kalbama apie vieną iš daugelio, bet kurį, o *the* – kai apie konkretų, būtent tą daiktą ar reiškinį. Taigi, jei sakoma *a woman*, reiškia kalbama apie kažkokią moterį, vieną iš daugelio moterų, o jei sakoma *the woman*, reiškia kalbama apie konkrečią moterį (apie kurią jau buvo užsiminta, kurią rodome paveikslėlyje, kurią norima išskirti aplinkoje ir pan.).

Pateikiame keletą taisyklių:
– artikelį *a, an* daugiskaitoje keičia žodis *some*,
– artikelis *the* vartojamas ir daugiskaitoje,
– prieš valgymų pavadinimus nevartojamas joks artikelis (*We had breakfast very early.*),
– artikeliai nevartojami su tikriniais daiktavardžiais, bet ši taisyklė turi nemažai išimčių, kurias reikia įsidėmėti, todėl turite būti atidūs.

Pavyzdžiui:
artikeliai nevartojami prieš šalių pavadinimus, bet kai kurių šalių pavadinimai vartojami su artikeliu *the: the Netherlands, the United States of America* (*the USA* arba *the US*).
– kai kurie daiktavardžiai gali būti vartojami ir su artikeliu, ir be artikelio: *hospital, school, church, prison, court.*

Pavyzdžiui:
nuteistasis eina į kalėjimą – *to prison*, o jį lydintysis – *to the prison*; norintieji melstis eina į bažnyčią – *to church*, o norintieji pasigrožėti jos architektūra – *to the church* ir pan.

Būdvardis

Su būdvardžiais labai paprasta – jie nekaitomi nei giminėmis, nei skaičiais: *an old lady, an old man, old people* ir pan. Tik reikia atkreipti dėmesį į būdvardžius su galūnėmis *-ing* arba *-ed*, kurie padaryti iš veiksmažodžių, nes dažnai painiojamos jų reikšmės. Filmas gali būti *boring* – nuobodus, o mes patys tada esame *bored* – nuobodžiaujantys. Darbas kartais būna *stressing* (įtemptas), o mes dėl to – *stressed* (įsitempę). Trumpai tariant, būdvardžiai su galūnėmis *-ing* vartojami norint išreikšti kitų daromą įtaką, o su galūnėmis *-ed* – mūsų pačių reakciją.

Kai kurie anglų kalbos būdvardžiai gali turėti daiktavardžių reikšmes. Prieš tokius daiktavardžius visada vartojamas artikelis *the*, pavyzdžiui: sergantis – *sick, the sick* – ligoniai; turtingas – *rich, the rich* – turtingieji.

The rich are getting richer, the poor are getting poorer. – Turtingieji darosi turtingesni, vargšai darosi vargingesni.

Hello!	Sveiki!/Sveikas! Laba diena *(neoficialiai)*.
Hi!	Sveikas!
Good morning.	Labas rytas.
Good afternoon.	Laba diena.
Good evening.	Labas vakaras.
Good night.	Labanakt.
How's things? / How's it going?	Kaip reikalai?

Greetings, saying goodbye, conversation starters

How are you?	Kaip gyvuoji/jautiesi?
	Kaip gyvuojate/jaučiatės?
I'm very well, thank you.	Labai gerai, ačiū.
I'm fine.	Gerai./Puikiai.
I'm OK, thanks.	Viskas gerai, ačiū.
Mustn't grumble.	Negaliu skųstis.
This is my sister, Susan.	Tai mano sesuo Suzana.
How do you do?	Malonu susipažinti.
How do you do?	Malonu susipažinti.
I have to go now.	Jau turiu eiti.
See you. / See you later.	Iki./Iki pasimatymo.
Goodbye.	Viso gero./Sudie.
Nice to see you.	Malonu tave matyti.
Have a nice day.	Geros dienos!
We'll stay in touch.	Palaikysime ryšį.
How's your sister?	Kaip gyvuoja tavo sesuo?
Sleep well!	Saldžių sapnų!

Gestai ir žmonių skleidžiami garsai

cry	verkti
moan	dejuoti
to clear one's throat	kostelėti, krenkšti
whistle	švilpti
gasp	aiktelėti
hiss	šnypšti
shout	šaukti
yell	klykti, rėkti
grumble	bambėti, skųstis
murmur	murmėti
sigh	dūsauti
whisper	šnibždėti
sniff	šnarpšti; prunkšti
giggle	kikenti
cheer	sveikinti *(šūksniais)*
lick one's lips	apsilaižyti lūpas
smile	šypsotis
wink at somebody	mirktelėti kam nors
shrug one's shoulders	gūžtelėti pečiais
frown	susiraukti
nod	linktelėti galva

Sounds made by people and gestures

Žmogaus kūno dalys

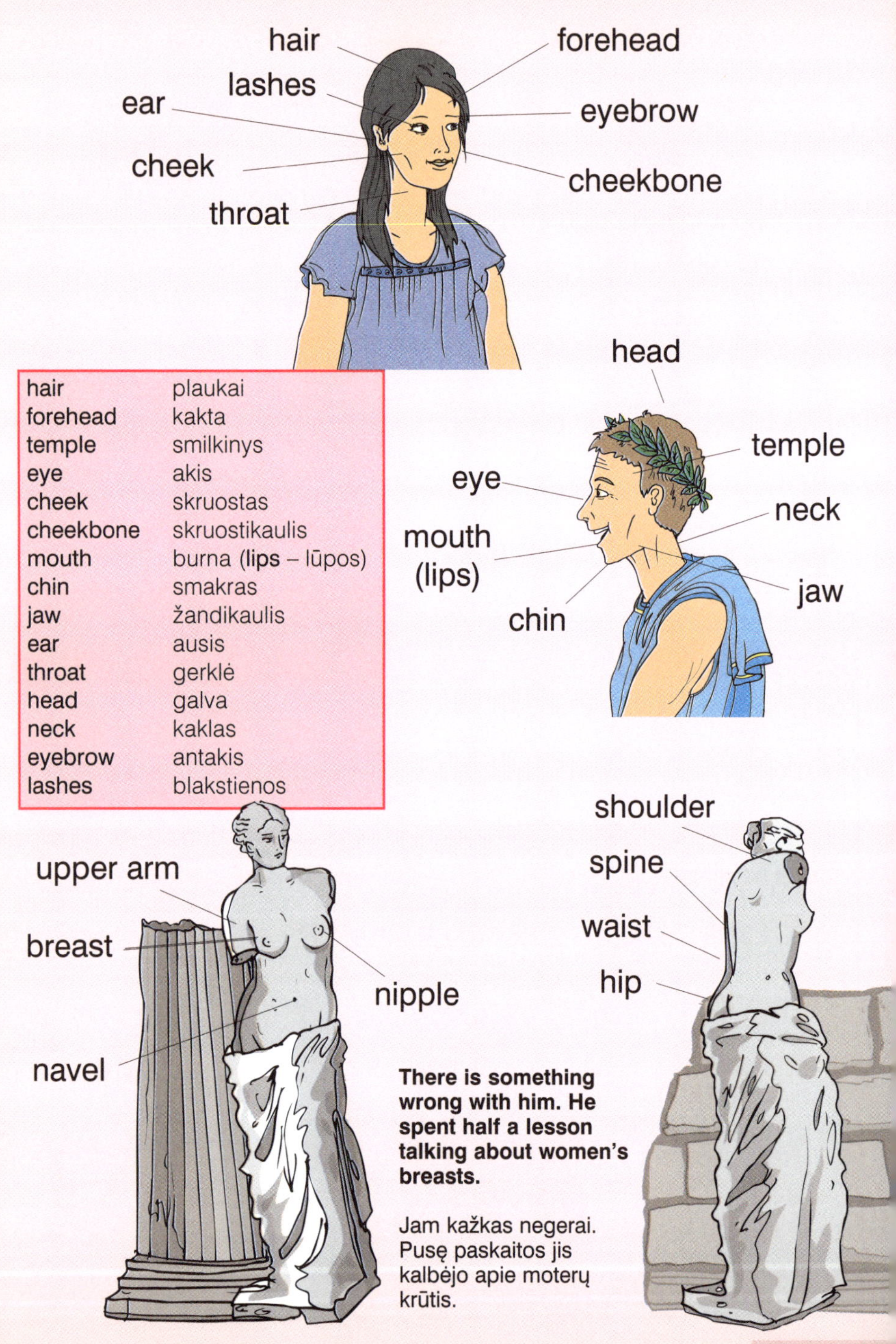

There is something wrong with him. He spent half a lesson talking about women's breasts.

Jam kažkas negerai. Pusę paskaitos jis kalbėjo apie moterų krūtis.

Human body

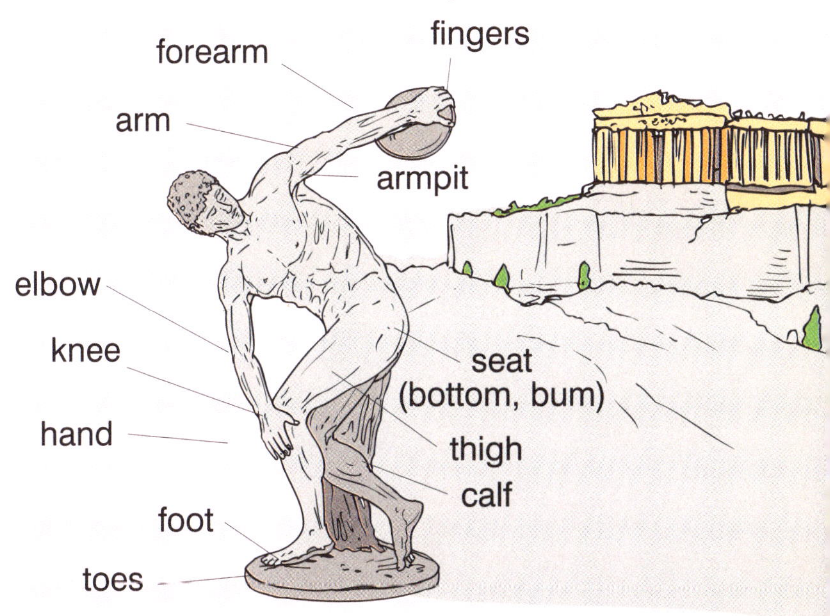

shoulder	petys
spine	stuburas
armpit	pažastis
breast	krūtis
nipple	spenelis
waist	liemuo, pusiaujas
hip	šlaunis; klubas
navel	bamba
seat (bottom, bum)	sėdynė, užpakalis
arm	ranka *(visa)*
upper arm	žastas
elbow	alkūnė
forearm	dilbis
hand	ranka *(plaštaka)*
fingers	pirštai *(rankų)*
thigh	šlaunis
knee	kelis
calf	blauzda
foot	pėda, koja *(dgsk.* feet)
toes	pirštai *(kojų)* *(vnsk.* toe)

Išvaizda: kūno sudėjimas

tall and slim	aukštas ir lieknas
short and stocky	žemas ir kresnas
handsome and muscular	gražus ir raumeningas
well-built	gero sudėjimo
beefcake	raumeningas
beefy	raumeningas, stiprus
big man, jumbo	didelis nerangus žmogus
plain and fat-bellied	negražus ir storu pilvu
obese	aptukęs
midget	žemo ūgio, neūžauga
short, but very proportional	nedidelio ūgio, bet proporcinga
slight and slender	liekna
plump	putli
she's got shapely legs	ji turi dailias kojas
with her legs up to her neck /up to here	labai ilgomis kojomis (*šnek.* prasideda nuo kaklo)
she's got a nice figure	ji turi gražią figūrą
very attractive girl	labai patraukli mergina
head-turning girl	mergina, į kurią visi atsisuka

short, but very proportional
short and stocky
beefy
tall and slim
plain and fat-bellied
big man, jumbo
head-turning girl
obese
midget
How to chat her up?
Kaip ją užkalbinti?
beefcake
Every girl is envious of her figure.
Visos merginos pavydi jai figūros.
very attractive girl
plump
she's got shapely legs

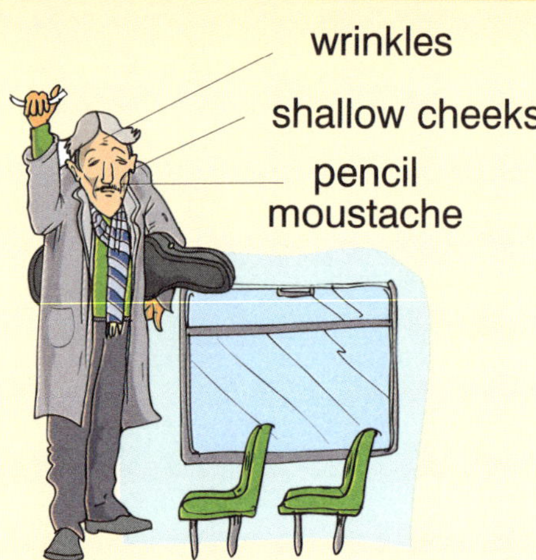

wrinkles	raukšlės
mark	apgamas
rosy cheeks	rausvi skruostai
bushy eyebrows	tankūs antakiai
eyelids	akių vokai
complexion	veido odos spalva
pencil moustache	ploni ūsai
oval face	ovalo formos veidas
square face	kampuotas veidas
round face	apskritas veidas
lined forehead	raukšlėta kakta
delicate face	lygus veidas, be raukšlių
slit eyes, slanting eyes	įstrižos akys
pierced ears	pradurtos ausys
thick lips	storos lūpos
crow's feet	raukšlės apie akis
double chin	pagurklis
slender face	siauras veidas
false eyelashes	dirbtinės blakstienos
shallow cheeks	įkritę skruostai
clean shaven	(švariai) nusiskutęs

He seems to work too much, because he has got bags under his eyes.

Atrodo, jis daug dirba, nes paakiuose kabo maišeliai.

I wonder why she has got bloodshot eyes.

Kažin kodėl jos akys pasruvusios krauju?

They closed their eyes in fear.

Jie užsimerkė iš baimės.

Her slender face and long neck make me think of the famous sculpture of the Egyptian queen of Nefertiti.

Jos siauras veidas ir ilgas kaklas verčia mane galvoti apie garsiąją Egipto karalienės Nefertitės skulptūrą.

Šukuosenos

bun
side-whiskers

He has
been going bald
for a few years.
Jau keleri metai
kaip jis plinka.
She
has already got
a few grey hairs.
Ji jau turi kelis žilus
plaukus.

trendy
hairstyle
fringe
bob

he's got
a crew-cut
dreadlocks

plait
long loose hair

She looks beautiful
when she wears her hair in
a bun with loose strands of hair.
Ji gražiai atrodo, kai susisuka
kuodą ir palieka kelias
laisvas sruogas.

ponytail
perm
to trim one's hair
highlights

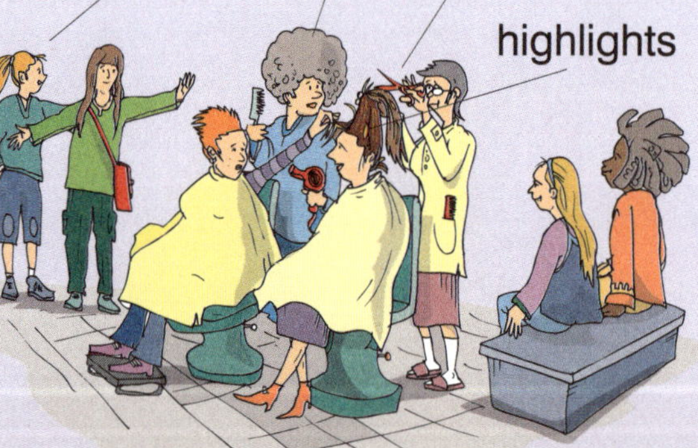

Hairstyles

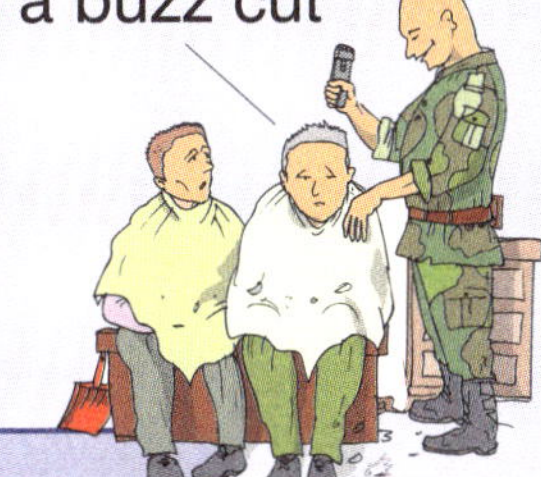

bald	praplikęs
skinhead, jarhead*	skustagalvis
with a buzz cut	apkirptas mašinėle
dreadlocks	veltinės kaselės, *žarg.* dredai
he's got a crew-cut	jis apsikirpęs ežiuku
long loose hair	ilgi, palaidi plaukai
fringe	kirpčiukai
plait	kasa
her hair in plaits	plaukai supinti į kasas
curly hair	garbanoti plaukai
with a centre parting	su sklastymu per vidurį
bun	kuodas
hair-clip	plaukų segtukas
side-whiskers (*Am.* side-burns)	žandenos
ponytail	surišti į uodegą plaukai
greasy hair	riebaluoti plaukai
to trim one's hair	pasikirpti palukus
perm	cheminis sušukavimas
highlights	sruogelės
split ends	išsišakoję plaukų galiukai
shoulder-long hair	plaukai iki pečių
back-combed close to skin	atgal sušukuoti, prigludę plaukai
bob	tiesiai nukirpti plaukai
trendy hairstyle (haircut)	madinga šukuosena

greasy hair

back-combed close to skin

Sveikata ir susirgimai

strained muscle

prescription

contagious disease	užkrečiama liga
terminal disease	mirtina liga
high blood pressure	didelis kraujospūdis
prescription for these tablets (pills)	šių tablečių receptas
sore throat	skaudama gerklė
rash	išbėrimas
broken leg	lūžusi koja
strained muscle	patemptas raumuo
doctor	gydytojas
nurse	slaugytoja
surgery (*Am.* doctor's office)	gydytojo kabinetas
hospital	ligoninė
emergency	greitoji/skubi pagalba
medicines, cures	vaistai
injection	injekcija
vaccine	skiepai
prescription	receptas
to call in a doctor	iškviesti gydytoją
to make an appointment with a dentist	užsirašyti pas dantų gydytoją
sick leave	nedarbingumo pažymėjimas

medicines, cures

She's got a headache.
Jai skauda galvą.

terminal disease

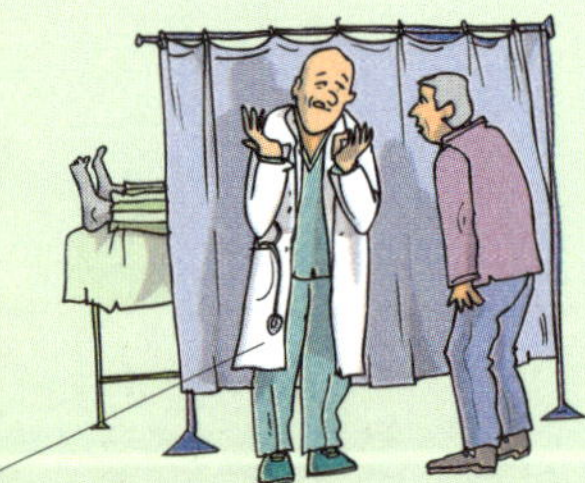

doctor

contagious disease

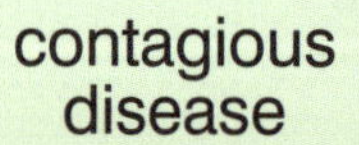

Health and illness

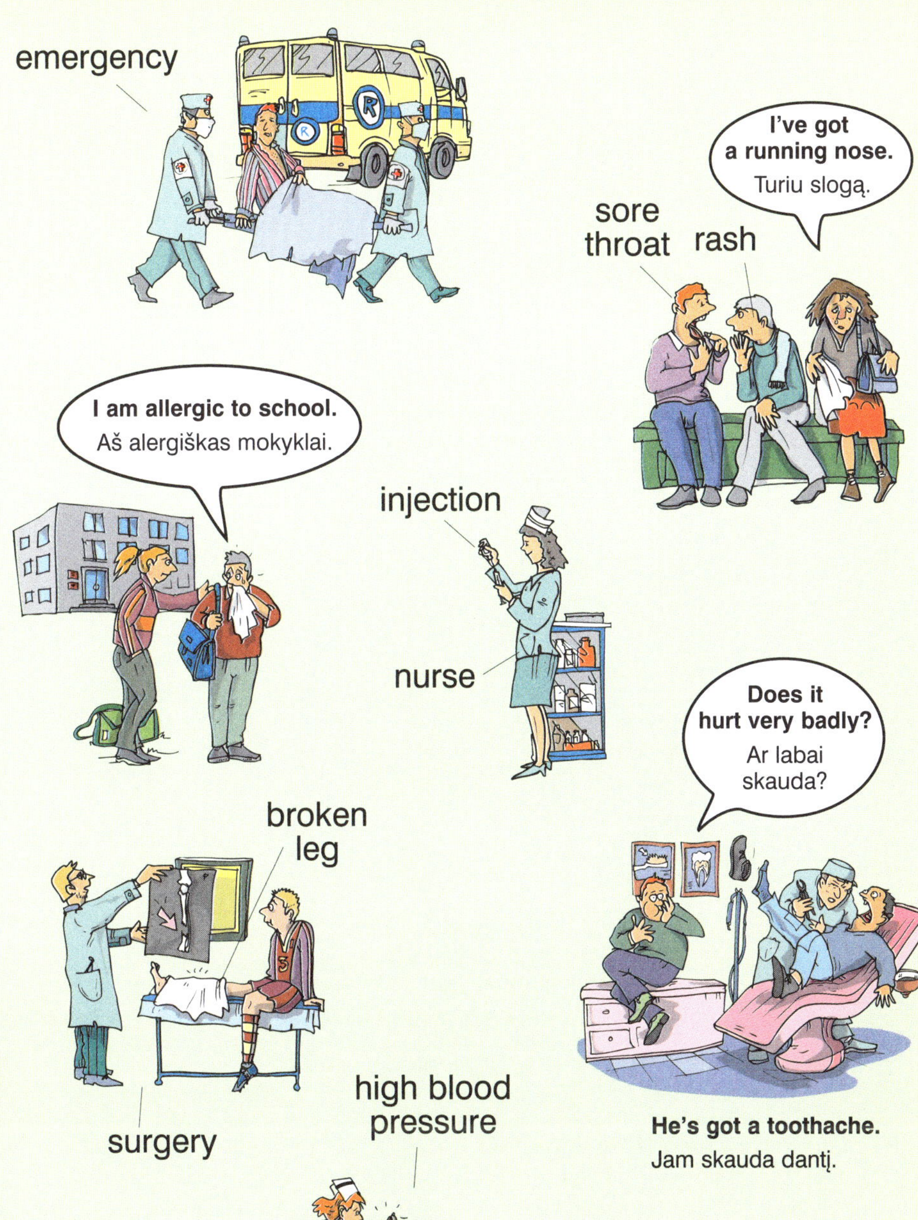

Aries
Avinas

An Aries says about herself:
gullible patikli
modest kukli
tolerant pakanti
Her husband says:
secretive uždara
shy, yet proud nedrąsi, bet išdidi
demanding reikli

Taurus
Jautis

A Taurus says about himself:
honest sąžiningas
ambitious siekiantis, trokštantis
energetic energingas
His child says:
dominant valdingas
open atviras
frank nuoširdus

An Aries and a Leo are said to be a good match in most horoscopes.

Daugelyje horoskopų sakoma, kad Avinas ir Jautis tinka vienas kitam.

Virgo
Mergelė

A Virgo believes she is:
reasonable protinga
foreseeing įžvalgi
responsible atsakinga
But her husband criticises her for being:
passive neveikli
careless nerūpestinga
forgetful užmarši

Leo
Liūtas

A Leo says about himself:
resourceful sumanus
funny linksmas, smagus
unpredictable nenuspėjamas
Everybody else says:
lazy tingus
clownish komiškas
unreliable nepatikimas

Do you really believe your Zodiac sign says something about your character?

Ar tikrai tikite, kad pagal jūsų Zodiako ženklą galima ką nors pasakyti apie jūsų charakterį?

Sagittarius
Šaulys

A Sagittarius believes he is:
lively gyvybingas, linksmas
diligent stropus, darbštus
sympathetic užjaučiantis
His brother is less enthusiastic.
His opinion:
affected apsimetantis
insincere nenuoširdus
disloyal išdavikiškas

Capricorn
Ožiaragis

A Capricorn girl's opinion about herself:
gentle švelni, gera
affectionate prieraiši
sensitive jautri
Her parents say she is:
hysterical isteriška
unstable nepastovi, netvirta
capricious užgaidi

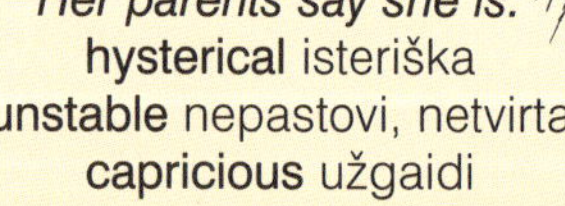

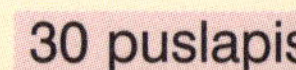

Characters: Zodiac signs

Gemini
Dvyniai

A Gemini woman says she is:
vindictive kerštinga
friendly draugiška
critical kritiška
Her good friend says:
changeable nepastovi, besikeičianti
moody paniurusi
helpful paslaugi

Cancer
Vėžys

A Cancer thinks about himself:
quiet tylus
calm ramus
dependable patikimas
His ex-friend says:
sly gudrus
two-faced dviveidiškas
mean šykštus

Libra
Svarstyklės

A Libra thinks he is:
easy-going nerūpestingas
well-balanced susitvardantis
rational išmintingas
But everybody knows he is:
obedient paklusnus
diplomatic diplomatiškas
greedy godus

Scorpio
Skorpionas

A Scorpio boy says about himself:
loyal ištikimas
protective globėjiškas
practical praktiškas
His ex-girlfriend's opinion:
shifty apsukrus
ruthless kietaširdis
overambitious pernelyg ambicingas

Aquarius
Vandenis

An Aquarius knows he is:
impatient nekantrus
impulsive ūmus
fussy išrankus
Others add he is also:
impractical nepraktiškas
illogical nelogiškas
snooty išpuikęs

Pisces
Žuvys

A Pisces man thinks he is:
ambitious siekiantis, trokštantis
consequential nuoseklus, logiškas
brave drąsus
His friends comment that he is:
snobbish snobiškas
pushy landus
arrogant pasipūtęs, arogantiškas

Genealoginis medis

aunt

uncle

uncle

cousin

cousin

grandfather, grandpa

grandmother, granny

halfbrother

mother

father

sister

mother-in-law

father-in-law

brother-in-law

sister-in-law

brother

wife

niece

nephew

husband

mother	motina
father	tėvas
uncle	dėdė
aunt	teta
mother-in-law	uošvė, anyta
father-in-law	uošvis, šešuras
sister-in-law	brolienė, svainė, moša
brother-in-law	svainis, dieveris
cousin	pusbrolis
cousin	pusseserė
niece	dukterėčia
nephew	sūnėnas
grandfather, grandpa	senelis
grandmother, granny	senelė, močiutė
granddaughter	vaikaitė, anūkė
grandson	vaikaitis, anūkas
sister	sesuo
brother	brolis
halfbrother	įbrolis
husband	vyras, sutuoktinis
wife	žmona

Genealogical tree

distant relative

brother-in-law

from a broken home

flesh and blood	artimi giminaičiai
on my mother's side	iš mamos pusės
blood-relatives	artimi/kraujo giminės
related by marriage	susigiminiavę per santuoką
my in-laws	žmonos/vyro pusės giminės
from a broken home	iš iširusios šeimos
distant relative	tolimas giminaitis
only child	vienintelis vaikas
my family comes from…	mano šeima kilusi iš…
respectable family	gerbiama šeima
family with rich traditions	daug tradicijų išlaikiusi šeima
first-line relatives	pirmos eilės giminės

flesh and blood

respectable family

family with rich traditions

Šeimos šventės ir tautinės tradicijos

birth

baptism

birth	gimimas
birthday	gimimo diena
birthday cake	gimtadienio tortas
baptism	krikštas
First Holy Communion	Pirmoji Šv. Komunija
Christian name day (*Am.* Feast Day)	vardo diena
wedding	vestuvės
wedding anniversary	vestuvių sukaktis
wedding ring	vestuvinis/sutuoktuvių žiedas
bride	nuotaka, jaunoji
bridegroom	jaunikis, jaunasis
bridesmaid	pamergė
bridesman	pabrolys
funeral	laidotuvės
priest	kunigas
grave	kapas
Christmas	Kalėdos
Christmas tree	Kūčios
Christmas Day	Kalėdų diena
New Year's Eve	Naujųjų metų išvakarės
Thanksgiving Day	Padėkos diena
turkey	kalakutas
fancy dress party	maskaradas

birthday cake

wedding ring

First Holy Communion

bridesman

wedding

bridegroom

bride

bridesmaid

Family celebrations and national traditions

Mano diena

to have
a shower

get up

get up	keltis
to have a shower	praustis po dušu
get dressed	rengtis, apsirengti
to go to work	eiti/vykti į darbą
to go to school by bus	važiuoti į mokyklą autobusu
to have lunch	valgyti priešpiečius
be at school from 8 a.m. to 3 p.m.	būti mokykloje nuo 8 iki 15 val.
to stop work	baigti darbą
on one's way back from work	pakeliui iš darbo namo

to go to work

get dressed

be at school from
8 a.m. to 3 p.m.

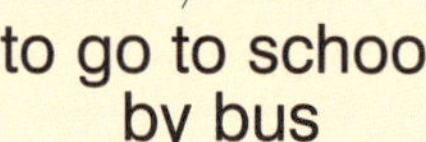

to go to school
by bus

to have lunch

to stop work

My day

on his way
back from work

to watch
TV

to stay at home
in the evening

to listen to
the radio

to go
swimming

to go
cycling

to play
a computer
game

to have
dinner out

to stay at home in the evening	vakare būti namie
to do homework	daryti namų darbus
to watch TV	žiūrėti televizorių
to listen to the radio	klausytis radijo
to play a computer game	žaisti kompiuterinį žaidimą
to go swimming	eiti paplaukioti/į baseiną
to have dinner out	pietauti ne namie
to go cycling	važinėtis dviračiu

to do homework

Nuotaikos

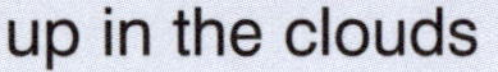

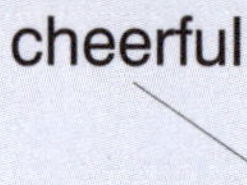

**Most of us are depressed in autumn.
Some of us in winter too.**

Dauguma mūsų jaučiasi prislėgti rudenį. Kai kurie ir žiemą.

easily annoyed

I'm fed up.
Man jau gana.

exhausted

Moods

bored	nuobodžiaujantis
unhappy	nelaimingas
fed up	pavargęs
nervous	nervingas
cheerful	linksmas
excited	susijaudinęs
happy	laimingas
calm	ramus
laid-back	atsipalaidavęs, nerūpestingas
up in the clouds	pilnas entuziazmo
sad	liūdnas
depressed	prislėgtas
lonely	vienišas
hopeful	pilnas vilčių
relaxed	atsipalaidavęs, neįsitempęs
optimistic	optimistiškas
pessimistic	pesimistiškas
enthusiastic	entuziastingas
disappointed	nusivylęs
amazed	nustebintas
exhausted	išvargęs, iššekęs
content	patenkintas
active	aktyvus, veiklus
easily annoyed	greitai susierzinantis
on cloud nine	kaip devintame danguje
down (I'm really down)	pervargęs
desperate	nusiminęs, netekęs vilties

optimistic

pessimistic

bored

calm

on cloud nine

relaxed

laid-back

Valgiai ir gėrimai

sparkling water

ice coffee

beer

still water

glass of champagne

cup of coffee

Drinks	Gėrimai
still water with a slice of lemon and ice cubes	negazuotas vanduo su riekele citrinos ir ledo gabaliukais
sparkling water	gazuotas vanduo
can of soda	skardinė gazuoto vandens
glass of champagne	taurė šampano
glass of juice, beer	stiklinė sulčių, alaus
cup of coffee	puodelis kavos
ice coffee	kava su ledais
tea with lemon	arbata su citrina

tea with lemon

mutton lamb veal beef pork

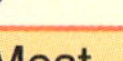

Meat	Mėsa
pork	kiauliena
a pork chop	kiaulienos kotletas
a leg of pork	kiaulės koja
beef	jautiena
well-done steak	gerai iškeptas kepsnys
veal	veršiena
lamb	ėriena
lamb chops	ėrienos kotletai
mutton	aviena

turkey

well-done steak

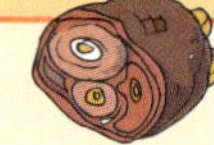

a leg of pork

duck

chicken

goose

Poultry	Paukštiena
chicken	vištiena
roasted chicken	kepta vištiena
chicken fillet	vištienos krūtinėlė
turkey	kalakutas
duck	antis
duck stuffed with apples	obuoliais įdaryta antis
goose	žąsis

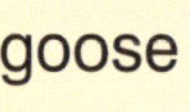

duck stuffed with apples

roasted chicken

chicken fillet

Food and drink

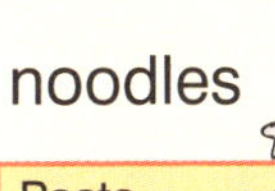

noodles

spaghetti

instant
noodles

Pasta	Makaronai
spaghetti	spagečiai
lasagne	lazanija
noodles	lakštiniai
instant noodles	greitai paruošiama
	lakštinių sriuba

lasagne

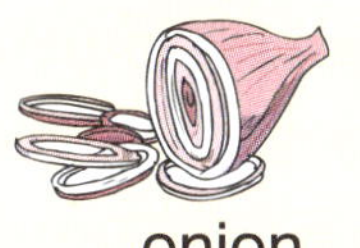

parsley

mint

chilli

onion

garlic

oregano

thyme

pepper

Herbs and spices	Prieskoninės žolės ir prieskoniai
parsley	petražolė
thyme	čiobrelis
mint	mėta
garlic	česnakas
chilli	aitrioji paprika
pepper (black, white or green)	pipirai (juodieji, baltieji arba žalieji)
salt	druska
oregano	raudonėlis
onion	svogūnas
mayo	majonezas

eel

shrimp

carp

mussels

salmon

mackerel

herring

cod

trout

Fish and seafood	Žuvys ir jūros gėrybės
cod	menkė
carp	karpis
trout	upėtakis
mackerel	skumbrė
salmon	lašiša
herring	silkė
eel	ungurys
crab	krabas
mussels	moliuskai
shrimp	krevetė
smoked fish	rūkyta žuvis
fried salmon	kepta lašiša

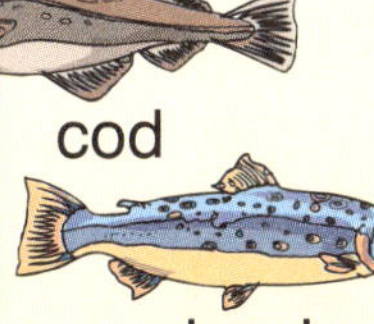

Drabužiai

pyjamas

slippers

cardigan

bath robe

children's shorts

rompers

suit

high-heeled shoes

bath robe	maudymosi chalatas
braces (*Am.* suspenders)	petnešos
rompers	vaikiškas kombinezonas
children's shorts	vaikiški šortai
polo neck jumper	golfas
pyjamas (*Am.* pajamas)	pižama
cardigan (*Am.* sweater)	susegamas megztinis
bib and brace overall	puskombinezonis
pullover	megztinis, užvelkamas per galvą
woollen hat	vilnonė kepurė
heavy pullover	storas megztinis
trekking boots	žygio batai
sleveless vest	berankoviai marškiniai
(*Am.* sleveless T-shirt)	
evening gown	vakarinė suknelė
sunglasses	saulės akiniai
bikini swimming suit	moteriškas maudymosi kostiumėlis

evening gown

bow-tie

suit

woollen hat

heavy pullover

trekking boots

sleveless vest

Clothes

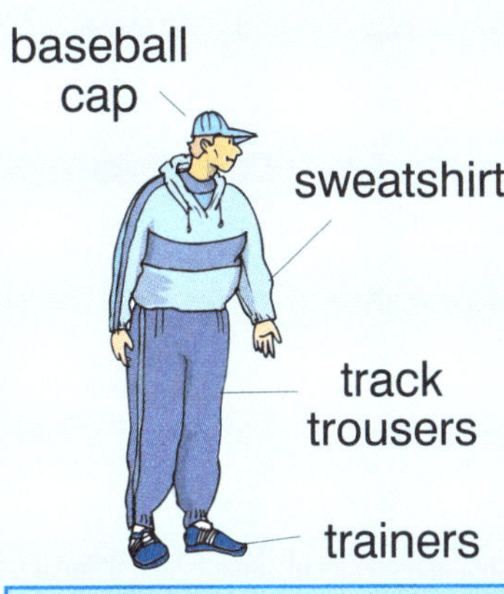

baseball cap

sweatshirt

track trousers

trainers

T-shirt

skirt

pullover

scarf

baseball cap	kepurė su snapeliu
sweatshirt	treningo bluzonas
trainers	sportbačiai
skirt	sijonas
T-shirt	marškinėliai
suit	kostiumas
high-heeled shoes	aukštakulniai bateliai
slippers	šlepetės
suit	komplektas
bow-tie	varlytė
track trousers	treningo kelnės
trunks	glaudės
bobble hat	kepurė su bumbulu
fur coat	kailiniai
boots	aulinukai
scarf	šalikas
rubbers (*Am.* golashes)	botai, kaliošai

sunglasses

trunks

bikini swimming suit

polo neck jumper

braces

fur coat

bib and brace overall

bobble hat

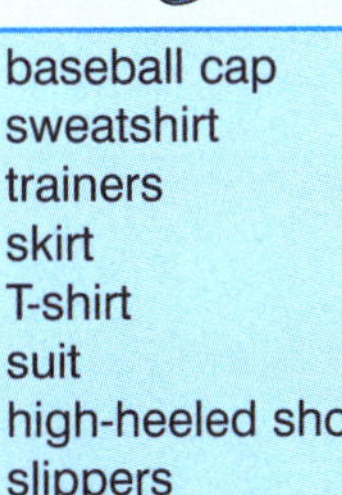

rubbers

boots

Formos

Egyptian pyramids were tombs of the rulers.
Egipto piramidės buvo valdovų kapai.

convex

conical

cone

triangle	trikampis
triangular	trikaṁpis
oblong	pailgas
rectangular	stačiakampis
concave	įgaubtas
convex	išgaubtas
pyramid-shaped	piramidės formos
cone	kūgis
conical	kūgio formos
sphere	rutulys
spherical	rutulio formos
crescent-shaped	pusmėnulio formos
semicircle	pusapskritimis

oval

cylindrical

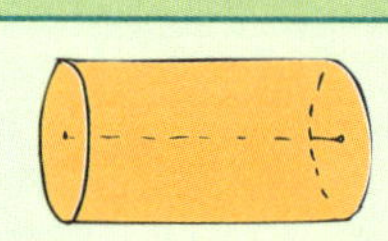
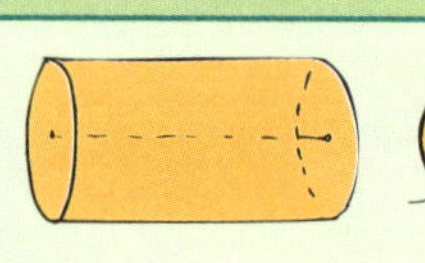

trapezium

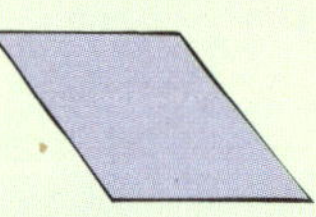

rhombus

trapezium-shaped

rhombic

Shapes

crescent-shaped

Why are there bends and roads cannot be straight?

Kodėl yra posūkiai, ir keliai negali būti tiesūs?

semi-circular	pusapvalis
cylindrical	cilindro formos
dome	kupolas
ellipse	elipsė
elliptical	elipsinis
oval	ovalus
rhombus	rombas
rhombic	rombo formos
trapezium	trapecija
trapezium-shaped	trapecijos formos
shapeless	beformis
star	žvaigždė

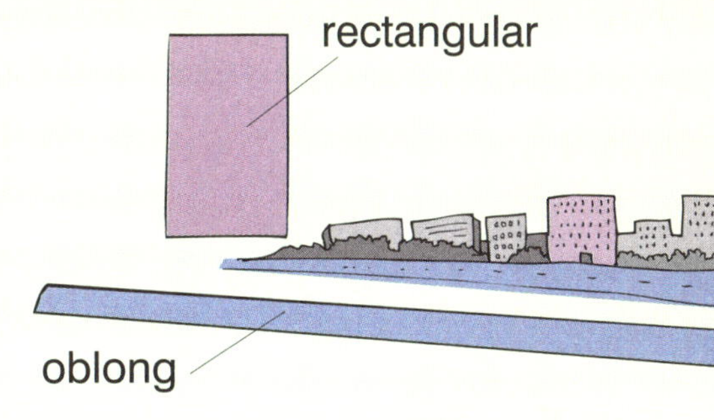

rectangular

oblong

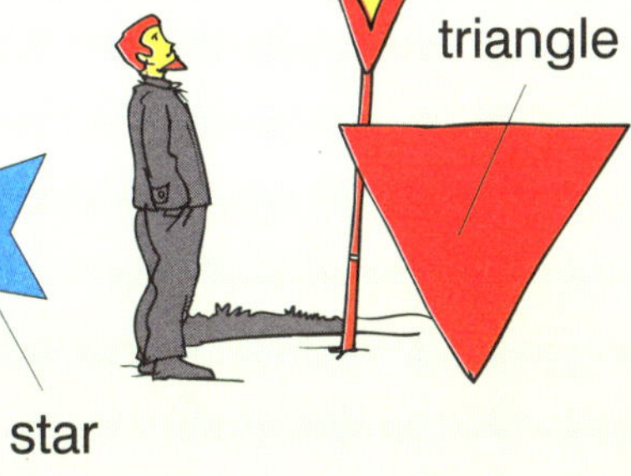

triangular

triangle

star

concave

ellipse

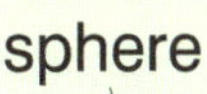

elliptical

dome

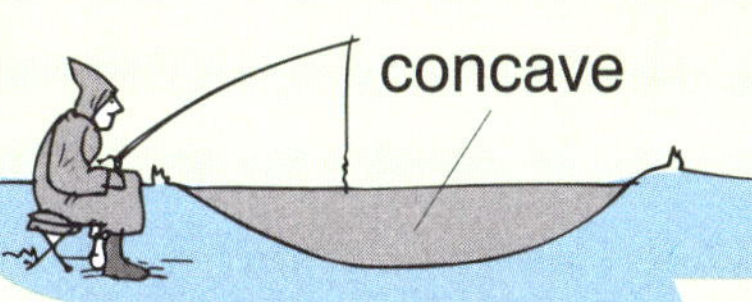

cross

sphere

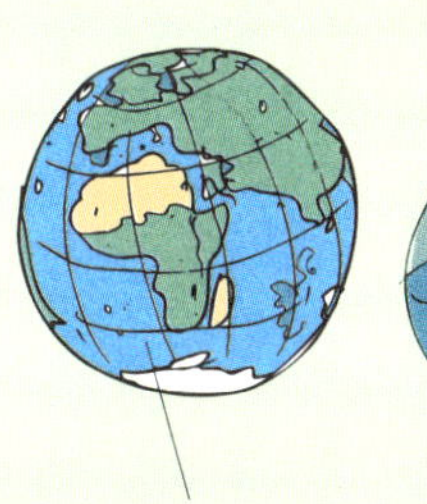

spherical

shapeless

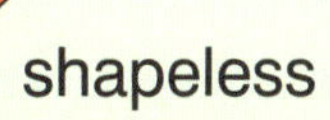

Spalvos

In what colour do you feel today?
Kokia šiandien tavo nuotaika?

Colours

white	balta
off-white	kreminė spalva (beveik balta)
ivory	dramblio kaulo spalva
grey (*Am.* gray)	pilka
pale grey	šviesiai pilka
ash	pelenų spalva
black	juoda
brown	ruda
beige	smėlio spalva
khaki	rusvai žalsva
reddish brown	rausvai ruda
mahogany	raudonmedžio spalva
red	raudona
ruby	tamsiai raudona
scarlet	skaisčiai raudona
light red	šviesiai raudona
pink	rožinė
peach	persikų spalva
salmon	gelsvai rausva
orange	oranžinė
yellow	geltona
sand	smėlio spalva
green	žalia
turquoise	žalsvai melsva
emerald	skaisčiai žalia
olive	alyvų, gelsvai žalia
blue	mėlyna
navy blue	tamsiai mėlyna
purple	violetinė
colour (*Am.* color)	spalva

Kryptys ir vieta

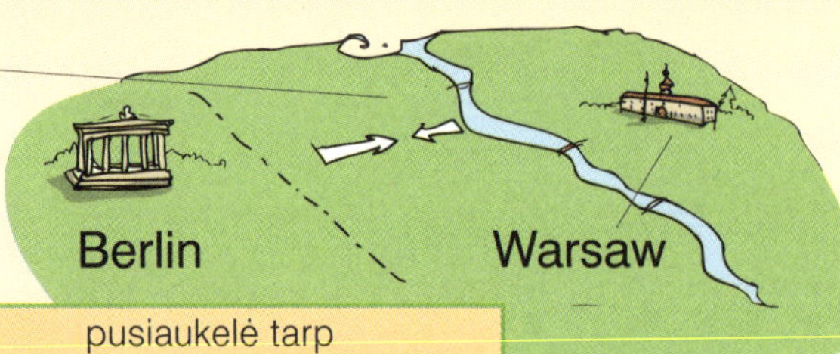

mid-way between Warsaw and Berlin	pusiaukelė tarp Varšuvos ir Berlyno
ask the way	klausti kelio
give directions	nurodyti kelią
in the centre of the town	miesto centre
50 kilometres to the north from the river	50 km į šiaurę nuo upės
near the mouth of the river	netoli upės žiočių
on the other side of the river	kitoje upės pusėje

by the sea	jūra (kuo)
over the bridge	per tiltą
not far from the bank	netoli nuo banko
next to the post office	šalia pašto
over the crossroads	už sankryžos
at the far end of the street	kitame gatvės gale
along the coast	pakrante
down the river	upe (pasroviui)

Directions and location

inside

outside

not far from
the bank

on the left

at the far end
of the street

on the right

near the edge

over the
crossroads

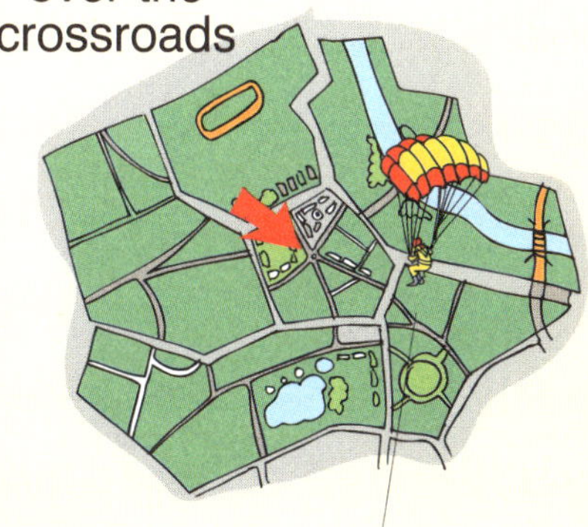

forwards	pirmyn, į priekį
backwards	atgal
upside down	aukštyn kojomis
third turning on the left	trečia gatvė į dešinę
on the left / on the right	kairėje / dešinėje
at the bottom	apačioje
inside	viduje
outside	išorėje, lauke
near the edge	netoli krašto

at the bottom

third turning
on the left

in the centre
of the town

forwards

backwards

next to the
post office

Mokyklos

kindergarten

primary school

nursery school	vaikų darželis (*3–5 metų vaikams*)
kindergarten	vaikų darželis-mokykla (*4–6 metų vaikams*)
primary school (elementary, grade, grammar school)	pradinė mokykla
teacher	mokytojas
headmaster / headmistress	mokyklos direktorius / direktorė
pupil	mokinys, mokinė
classroom	klasė (*patalpa*)
schoolboy	mokinys
schoolgirl	mokinė
school playground	mokyklos žaidimų aikštelė
pencil case	rašiklinė, penalas
spelling book	rašybos elementorius
class register	klasės žurnalas
to sit an exam	rengtis egzaminui
to take an exam	laikyti egzaminą
to pass an exam	išlaikyti egzaminą
to fail	neišlaikyti (*egzamino*)
to crib	nusirašyti
praise	pagyrimas
mark	pažymys

praise

mark

to fail

secondary school

to pass an exam

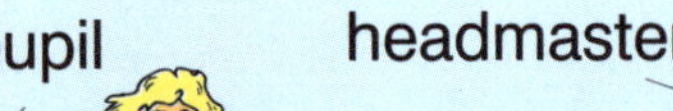

schoolgirl

schoolboy

teacher

headmaster

class register

classmate

classroom

pupil

truant

Schools

classmate	klasės draugas/draugė
secondary school	bendrojo lavinimo mokykla
secondary school student	bendrojo lavinimo mokyklos moksleivis
entry exam	stojamieji egzaminai
final exams	baigiamieji egzaminai
boarding school	internatinė mokykla
college	kolegija, koledžas
university	universitetas
medical university	medicinos universitetas
graduate	abiturientas, absolventas, diplomantas

college

graduate

medical university

university

lecturer

reading room

university teacher	universiteto dėstytojas
lecturer	dėstytojas
lecture hall	auditorija
dean	dekanas
don	koledžo/universiteto dėstytojas
reading room	skaitykla
B school (business school)	verslo mokykla
scholarship	stipendija
night school	vakarinė mokykla
prodigy	vunderkindas
swot	kalikas
truant	pamokų praleidinėtojas
freshman	pirmakursis; naujokas

to sit an exam, to take an exam

entry exam

prodigy

university teacher

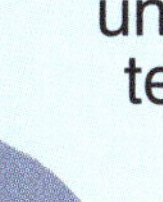

boarding school

swot

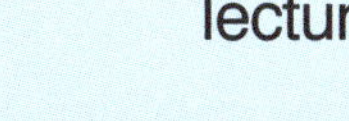

lecture hall

Kompiuteriai ir internetas

screen	ekranas
an LCD screen	skystųjų kristalų monitorius
cordless optical mouse	belaidė optinė pelė
mousepad	pelės kilimėlis
keyboard	klaviatūra
laptop (computer)	skreitinukas
CD drive	kompaktinio disko skaitlys
floppy drive	diskelio skaitlys
online payment	atsiskaitymas internetu
website	interneto svetainė
online bookshop	internetinis knygynas
nerd	kompiuterių maniakas
menu bar	meniu juosta
copy	kopijuoti
paste	įklijuoti
edit	redaguoti
e-book	elektroninė knyga

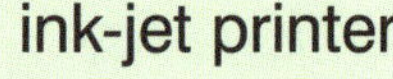

Computers and the Internet

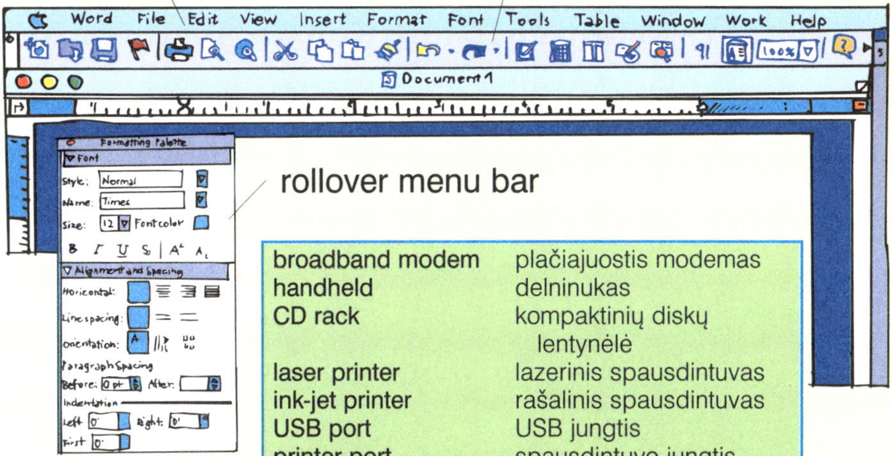

broadband modem	plačiajuostis modemas
handheld	delninukas
CD rack	kompaktinių diskų lentynėlė
laser printer	lazerinis spausdintuvas
ink-jet printer	rašalinis spausdintuvas
USB port	USB jungtis
printer port	spausdintuvo jungtis
chatroom	interneto pokalbių svetainė
tool bar	įrankių juosta
rollover menu bar	išsiskleidžianti įrankių juosta
pop-up advert	reklamos langelis, iškylantis ekrano kamputyje
banner	reklamjuostė
undo	atšaukti
select all	pažymėti viską
delete	šalinti

Darbai, profesijos

chief
financial
officer

supervisory board	kontrolės/priežiūros taryba
chairman	pirmininkas
CEO (chief executive officer)	generalinis direktorius
sales manager	pardavimo vadovas, prekybos direktorius
production manager arba COO (chief operational officer)	gamybos vadovas/ direktorius
CFO (chief financial officer)	finansų direktorius
marketing manager	rinkodaros vadovas/ direktorius
marketing staff	rinkodaros personalas
sales rep	pardavimo atstovas
shop assistants	pardavėjai
spokesperson (spokesman or spokeswoman)	atstovas/atstovė
accountant	buhalteris; finansininkas

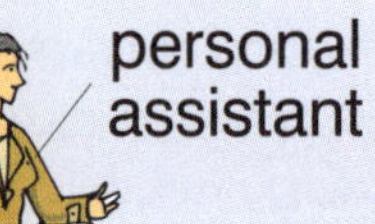

apprentice

personal
assistant

supervisory
board

spokesperson

sales rep

secretary

chairman

job
applicant

shop
assistants

Jobs

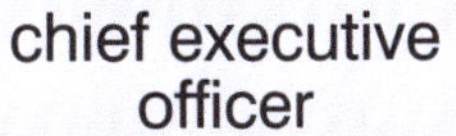

cleaning
person

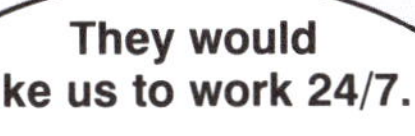

sales
manager

assembly line
worker

chief executive
officer

IT engineer

jobless,
unemployed

secretary	sekretorė
personal assistant	asmeninė padėjėja
receptionist	registratorė
research and development (R&D) department	tyrimų ir plėtros skyrius
IT engineer	informacinių technologijų inžinierius
assembly line worker	surinkimo linijos darbininkas
cleaning person	valytoja/valytojas
security guard	apsaugininkas, apsaugos darbuotojas
job applicant	darbo prašytojas
apprentice	stažuotojas, mokinys
between jobs	tuo metu be darbo
jobless, unemployed	bedarbis/bedarbė
part-time worker	dirbantysis nepilną darbo dieną
temporary worker	laikinas darbuotojas
volunteer	savanoris

accountant

security
guard

production
manager

marketing
manager

marketing
staff

receptionist

Darbe

English	Lithuanian
computer	kompiuteris
computer screen	monitorius
computer keyboard	kompiuterio klaviatūra
handheld (palmtop)	delninukas
mobile (cell phone)	mobilusis telefonas
calculator	skaičiuotuvas
files	susegti dokumentai
paper clips	sąvaržėlės
punch	skylmuša
stapler	segiklis
armchair	fotelis
desk	rašomasis stalas
fax machine	faksas
pencils	pieštukai
biro	tušinukas
rubber (*Am.* eraser)	trintukas
reports	ataskaitos; pranešimai
branch magazines	profesiniai žurnalai
sales reports	pardavimo ataskaitos
reception desk	registracijos stalas
receptionist	registratorius
laptop (computer)	skreitinukas
mouse pad	pelės kilimėlis

At work

files
mobile
(cell phone)
fax
machine
receptionist
armchair
reception
desk
reports
handheld
printer
laptop
(computer)
branch
magazines
rubber
stapler
punch
biro
page 57

Laisvalaikis ir pramogos

What to do?	Ką veikti?
to watch TV?	žiūrėti televizorių?
to skip channels, 'cos there's nothing good on?	perjunginėti kanalus, nes nieko gero nerodo?
to go to a video shop and borrow something?	nueiti į vaizdajuosčių nuomos punktą ir ką nors išsinuomoti?
to download audio and video?	atsisiųsti/parsisiųsti muziką ir filmus?
to surf the Net?	naršyti po internetą?
to chat on the Net?	kalbėtis interneto svetainėje?
to e-mail someone?	parašyti kam nors elektroninį laišką?
to visit somebody?	aplankyti ką nors?
to have a party?	surengti vakarėlį?
Who willl tidy up?	Kas sutvarkys?
to go to a party?	eiti į vakarėlį?
Who with?	Su kuo?
to train for sports?	pasportuoti?
to go to the cinema (*Am.* movie theater)?	nueiti į kiną?
What's on?	Ką rodo?
screen	ekranas

to go to a video shop and borrow something

to skip channels

to watch TV

go to the theatre

stage

audience   curtain

to go to a park for a walk

train for sports

to lie and do nothing

Free time and pastimes

have a beer

beer
tap

screen

to go to
the cinema

to go to a concert?	eiti į koncertą?
to go to the theatre?	eiti į teatrą?
curtain	uždanga *(scenos)*
stage	scena
audience	žiūrovai
props	rekvizitai *(teatro)*
dressing room	persirengimo kambarys
to talk to someone on the phone?	pasikalbėti su kuo nors telefonu?
or lie and do nothing?	arba gulėti ir nieko neveikti?
to go to a park for a walk?	eiti į parką pasivaikščioti?
to go and have a beer?	nueiti išgerti alaus?
to go to a disco?	eiti į diskoteką?
a DJ (disc jockey)	diskotekos vedėjas
record player	gramofonas
beer tap	alaus čiaupas
to go to town?	eiti į miestą?
to play chess with a neighbour?	pažaisti šachmatais su kaimynu?
or draughts? (*Am.* checkers)	arba šaškėmis?
to play cards?	žaisti kortomis?
clubs	kryžiai, gilės
spades	pikai, vynai
hearts	čirvai
diamonds	būgnai

to surf the Net

to e-mail
to download

to have a party
go to a disco

a DJ

hearts spades clubs diamonds

record player

Per atostogas

packing suitcases and backpacks	lagaminų ir kuprinių krovimas
canoeing holiday	atostogos plaukiant baidarėmis
canoe	baidarė
paddle	irklas
float downstream	plaukti pasroviui
sailing	buriavimas
sailing boat	burlaivis
sail	burė
mast	stiebas (*laivo*)
to windsurf	plaukti burlente
board	lenta
to tan	degintis
walk along the shore	vaikščioti pakrante
to have a swim	eiti paplaukioti
horse riding	jodinėjimas
saddle	balnas
orienteering	orientavimosi sportas
cycling	važinėjimas dviračiu

trekking	ėjimas į žygį
trekking boots	žygio batai
anorak	striukė su gobtuvu
skiing	slidinėjimas
downhill skiing	slidinėjimas nuo kalnų
cross-country skiing	slidinėjimas raižyta vietove
snowboarding	snieglenčių sportas
roll skating	važinėjimas ratukinėmis pačiūžomis
roll skating rink	arena važinėti ratukinėmis pačiūžomis
skateboarding	riedlenčių sportas
snorkelling	plaukiojimas su kvėpavimo vamzdeliu

board

They can never agree on where to go on holiday.

Jie niekaip nesusitaria, kur važiuoti per atostogas.

trekking boots

downhill skiing

packing suitcases and backpacks

skiing

anorak

snowboarding

trekking

cross-country skiing

be in a good/poor shape	būti geros/prastos formos
to break a life record	viršyti savo rekordą
to set up a world record	pasiekti pasaulio rekordą
to go in for sports for pleasure	užsiimti sportu savo malonumui
to be a professional sportsman/sportswoman	būti profesionaliu sportininku/sportininke
running	bėgimas
training suit/tracksuit	treningo kostiumas
trainers	sportiniai bateliai
swimming	plaukimas
swimming goggles	plaukimo akiniai
trunks	maudymosi kelnaitės
swimming suit	maudymosi kostiumėlis
bathing cap	maudymosi kepuraitė
basketball	krepšinis
dumb-bells	svarmenys

Sports

Most people prefer cycling to running.
Daugeliui žmonių labiau patinka važinėjimas dviračiu negu bėgimas.

Team sports are usually more interesting than individual ones.
Komandinio sporto varžybos paprastai įdomiau negu individualaus.

How often do you go skiing?
Kaip dažnai tu slidinėji?

football (*Am.* soccer)	futbolas
striker	puolėjas
defender	gynėjas
goalkeeper	vartininkas
cycling	važiavimas dviračiu
crash hat	šalmas
scuba diving	nardymas su akvalangu
tanks	suslėgto oro balionai
flippers	plaukmenys
tennis	tenisas
tennis racket	teniso raketė
skiing	slidinėjimas
skis	slidės
ski lift	slidininkų keltuvas
ski jumping	šuoliai nuo tramplino
rugby	regbis

Individualus namas

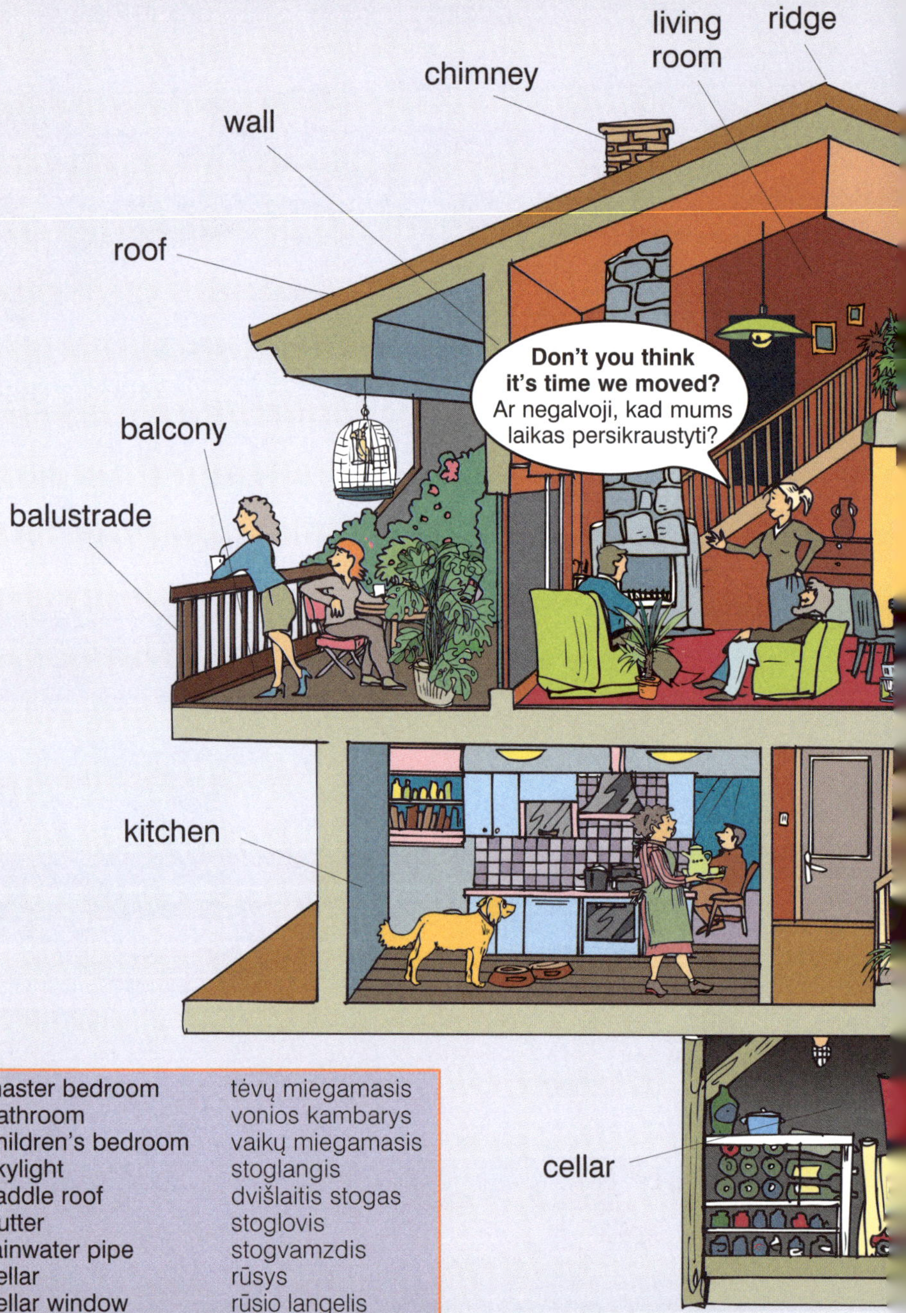

living
room

ridge

chimney

wall

roof

balcony

balustrade

kitchen

cellar

master bedroom	tėvų miegamasis
bathroom	vonios kambarys
children's bedroom	vaikų miegamasis
skylight	stoglangis
saddle roof	dvišlaitis stogas
gutter	stoglovis
rainwater pipe	stogvamzdis
cellar	rūsys
cellar window	rūsio langelis
ridge	kraigas, šelmuo *(stogo)*

A detached house

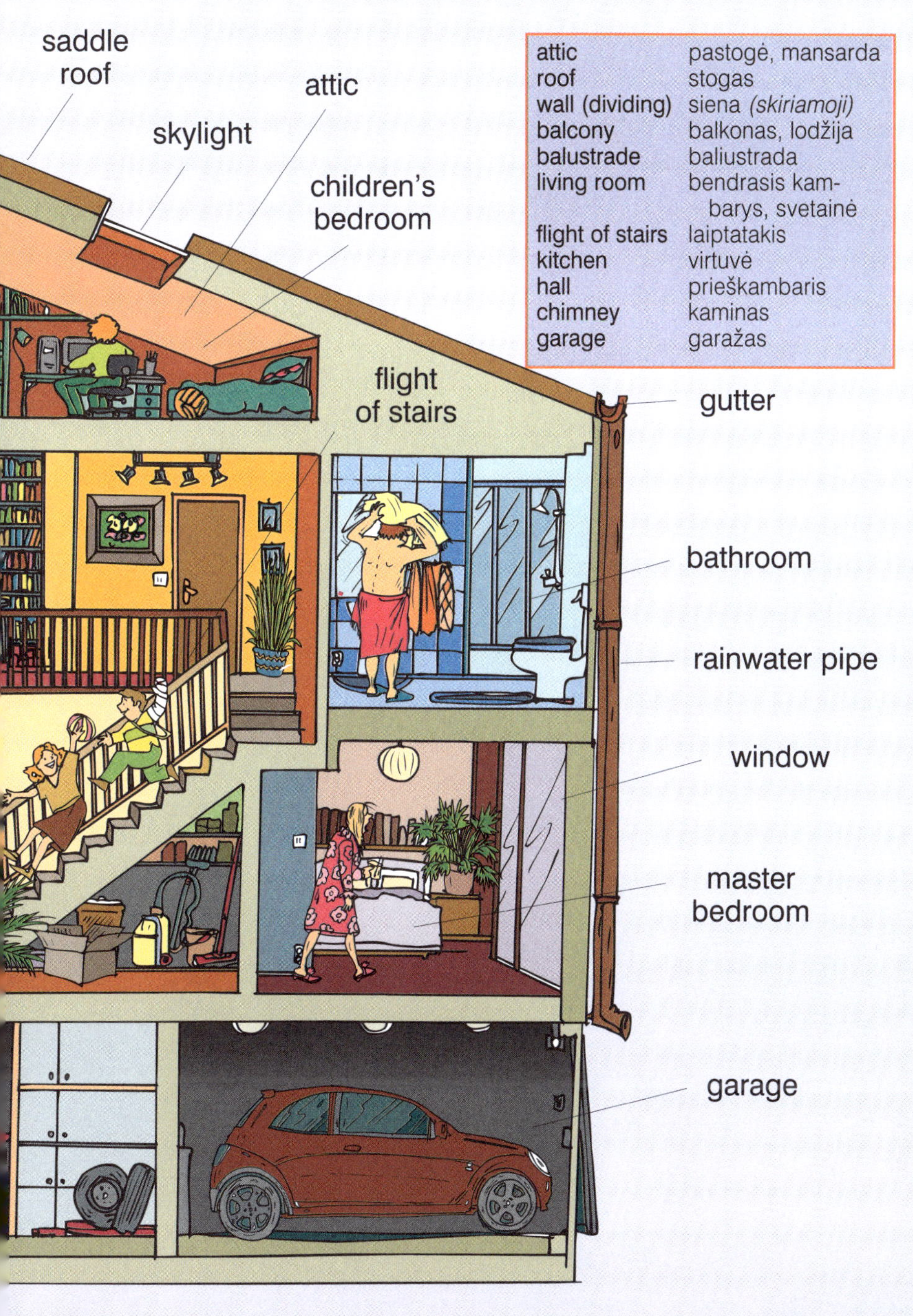

to hang wet linen
on the balcony/terrace

washing	skalbimas
washing machine	skalbyklė
laundry bin	nešvarių skalbinių dėžė
dirty laundry	nešvarūs skalbiniai
airer	skalbinių džiovykla
to hang wet linen on the balcony/terrace	džiaustyti šlapius skalbinius balkone/terasoje
hoovering	siurbimas dulkių siurbliu
hoover (vacuum cleaner)	dulkių siurblys
nozzle	antgalis
ironing	lyginimas
iron	lygintuvas
ironing table	lyginimo stalas
floor cleaning	grindų valymas
broom	šluota
brush	šepetys
dustpan	šiukšlių semtuvėlis
bucket	kibiras
mop	plaušinė šluota

Housework

cooking	valgio gaminimas
frying pan	keptuvė
sauce pan	prikaistuvis *(nedidelis puodas)*
pot	puodas
mincer	mėsmalė
chip pan	gruzdintuvė
toaster	skrudintuvas
garlic crusher	česnakų smulkintuvas
spice rack	prieskonių lentynėlė
frying oil	kepimo aliejus
washing up	indų plovimas
washing-up liquid	indų plovimo skystis
dish drainer	indų džiovykla
dish wiper	indų šluostas

calculating a family's budget

calculating a family's budget	šeimos biudžeto skaičiavimas
outgoings	išlaidos
income	pajamos
bills	sąskaitos
loan	paskola
debts	skolos
payment terms	apmokėjimo sąlygos
to buy on installments	pirkti išsimokėtinai
in debt	skolingas, įsiskolinęs

They are a bit hard up.
Jų finansinė padėtis sunkoka.

in debt

Virtuvėje
fridge
cutting
board
mincer
cooker
hood
frying
pan
microwave
oven
mixer
pot
Where did you
put my favourite mug?
Kur padėjai mano
mėgstamą puoduką?
gas
cooker
cupboards
freezer
Where is
a litter bin in
your kitchen?
Kur tavo virtuvėje
yra šiukšlių dėžė?
dishwasher
What's for
dinner today? I don't
know what he's prepared.
Kas šiandien pietums?
Nežinau, ką jis
pagamino.
He looks
nice in the apron.
Jis gražiai atrodo
su prijuoste.
juice
glass

In the kitchen

coffee maker

dirty dishes

sink

Who has taken all the spoons?
Kas paėmė visus šaukštus?

I can do the washing-up, but I hate wiping the dishes.
Galiu išplauti indus, bet nemėgstu šluostyti.

litter bin

kitchen table

turreen

beer glass

napkins

knife

teaspoon

fork

spoon

plate

kitchen table   virtuvės stalas
dishwasher   indaplovė
dirty dishes   nešvarūs indai
pot   puodas
beer glass   alaus taurė
cup   puodelis
plate   lėkštė
fork   šakutė
spoon   šaukštas
knife (dgsk. knives) peilis
teaspoon   arbatinis šaukštelis
sink   kriauklė, plautuvė
gas cooker   dujinė viryklė
  (Am. stove)
fridge   šaldytuvas
freezer   šaldymo kamera,
                       šaldyklė
microwave oven   mikrobangų krosnelė
litter bin   šiukšlių dėžė
cupboards   virtuvės spintelės
mincer   mėsmalė
mixer   plakiklis
turreen   sriubos dubuo
napkins   servetėlės
juice glass   sulčių stiklinė
frying pan   keptuvė
coffee maker   kavavirė
cooker hood   gartraukis
cutting board   pjaustymo lentelė

Bendrasis kambarys, svetainė

sofa	sofa
cushion	pagalvėlė
bowl of crisps	dubenėlis su traškučiais
cable TV tuner	kabelinės televizijos imtuvas
remote control	nuotolinio valdymo pultelis
video recorder	įrašomasis vaizdajuosčių leistuvas
stereo	stereofoninės muzikos grotuvas
CD rack	kompaktinių plokštelių lentynėlė
speakers	garso kolonėlės
bookcase	knygų spinta
wall clock	sieninis laikrodis
headphones	ausinės
cordless phone	belaidis telefonas
wall lamp	sieninė lempa
fireplace	židinys
candlestick	žvakidė
candle	žvakė
drinks cupboard	gėrimų spintelė
coffee table	kavos staliukas
wine glass	vyno taurė
bottle of wine	butelis vyno
vase	vaza
curtain	užuolaida
carpet	kilimas
curtains	užuolaidos
net curtain	tinklinės užuolaidos
sideboard	indauja

I feel like rearranging the furniture.
Man norisi perstatyti baldus.

flat-screen plasma TV	plokščiaekranis plazminis televizorius
couch potato	aistringas televizijos žiūrėtojas
glass of soda	stiklinė gazuoto vandens
painting bought at an auction	aukcione pirktas paveikslas
magazine rack	žurnalų ir laikraščių dėklas
sculpture given by a friend	draugo dovanota skulptūrėlė

Living room

sculpture given by a friend
wall clock
painting bought at an auction
candlestick
wall lamp
drinks cupboard
flat-screen plasma TV
wine glass
bottle of wine
candle
cable TV tuner
headphones
speakers
fireplace
video recorder
remote control
All my favourite CDs are on that shelf.
Visos mano mėgs-tamos kompaktinės plokštelės yra toje lentynoje.
couch potato
bowl of crisps
coffee table
cordless phone
magazine rack
sofa

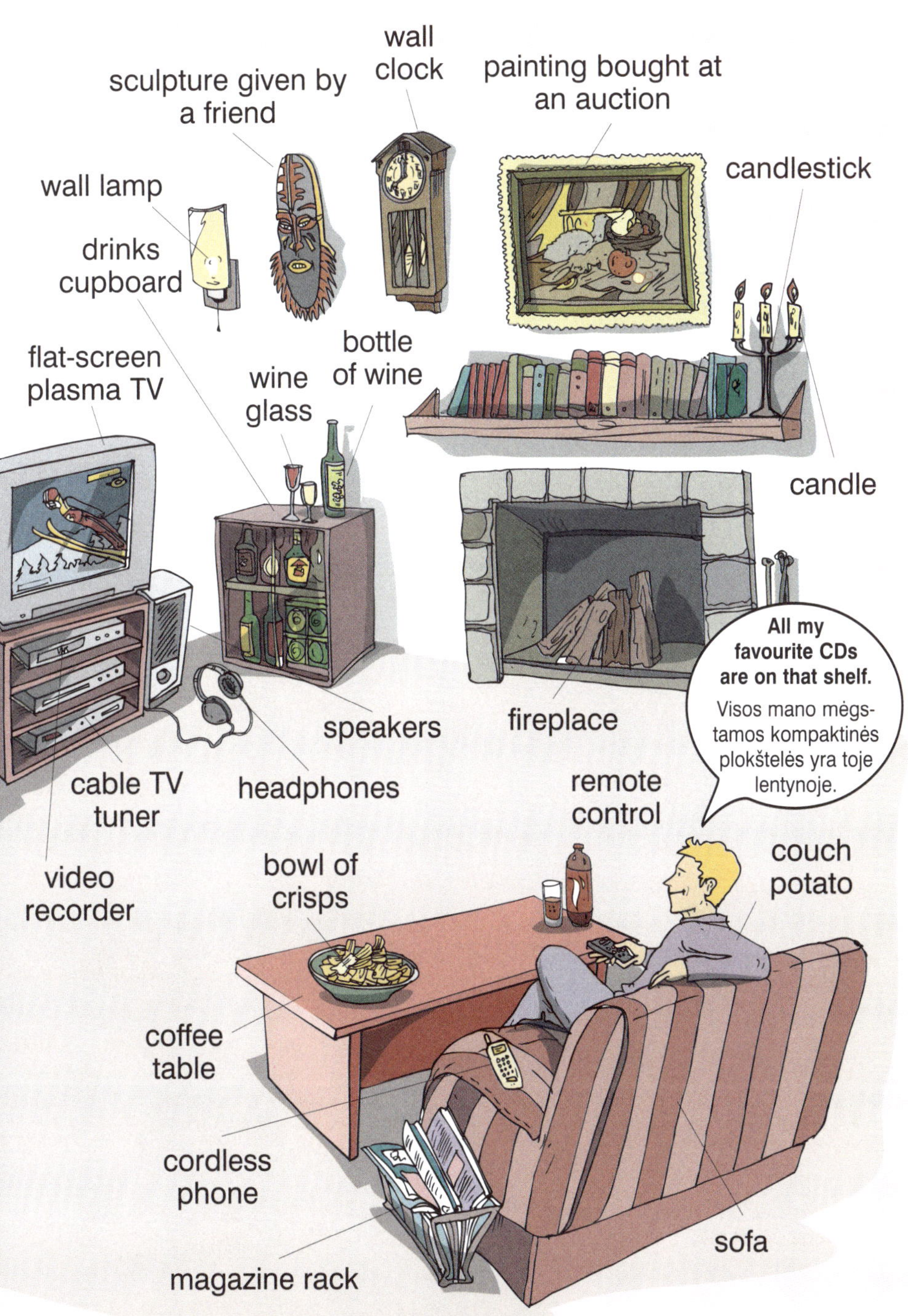

Mano kambarys

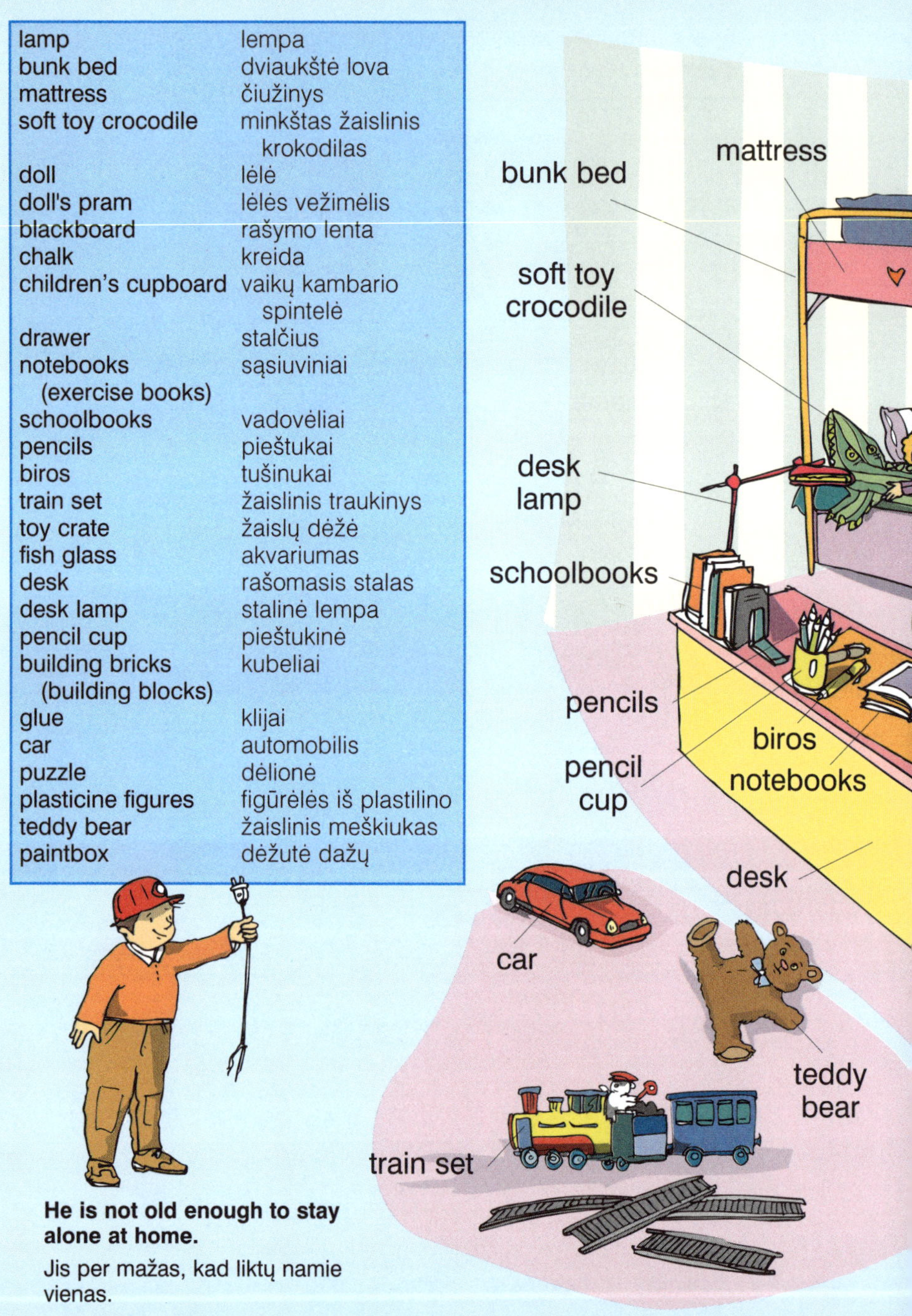

lamp	lempa
bunk bed	dviaukštė lova
mattress	čiužinys
soft toy crocodile	minkštas žaislinis krokodilas
doll	lėlė
doll's pram	lėlės vežimėlis
blackboard	rašymo lenta
chalk	kreida
children's cupboard	vaikų kambario spintelė
drawer	stalčius
notebooks (exercise books)	sąsiuviniai
schoolbooks	vadovėliai
pencils	pieštukai
biros	tušinukai
train set	žaislinis traukinys
toy crate	žaislų dėžė
fish glass	akvariumas
desk	rašomasis stalas
desk lamp	stalinė lempa
pencil cup	pieštukinė
building bricks (building blocks)	kubeliai
glue	klijai
car	automobilis
puzzle	dėlionė
plasticine figures	figūrėlės iš plastilino
teddy bear	žaislinis meškiukas
paintbox	dėžutė dažų

He is not old enough to stay alone at home.

Jis per mažas, kad liktų namie vienas.

My room

Can she get dressed herself?
Ar ji moka pati apsirengti?

As for her age, she can do a lot of things herself.
Būdama tokio amžiaus ji daug ką moka daryti pati.

Vonios kambarys ir tualetas

bath	vonia
sponge	kempinė
bubble bath liquid	vonios putos
toilet paper	tualetinis popierius
toilet (loo)	unitazas
toilet lid	unitazo dangtis
perfumes	kvepalai
shampoo	šampūnas
conditioner	plaukų minkštiklis
shower gel	dušo želė
shower	dušas
shower head	dušo galvutė
tile	plytelė (sienos, grindų)
mat	kilimėlis (vonios)
foam (Am. bubbles)	putos
towel	rankšluostis
scale	svarstyklės

Bathroom and toilet

tap (*Am.* faucet)	čiaupas
bidet	bidė
soap	muilas
soap dish	muilinė
washbasin	kriauklė, praustuvė
tooth mug	dantų šepetėlių puodukas
toothpaste	dantų pasta
toothbrush	dantų šepetėlis
electric toothbrush	elektrinis dantų šepetėlis
mirror	veidrodis
bathroom cabinet	vonios kambario spintelė
electric shaver	elektrinis skustuvas
razor	skustuvas
shaving cream	skutimosi kremas
aftershave	losjonas po skutimosi
hair trimmer	plaukų kirpimo mašinėlė
hairdryer	plaukų džiovintuvas
antiperspirant	dezodorantas

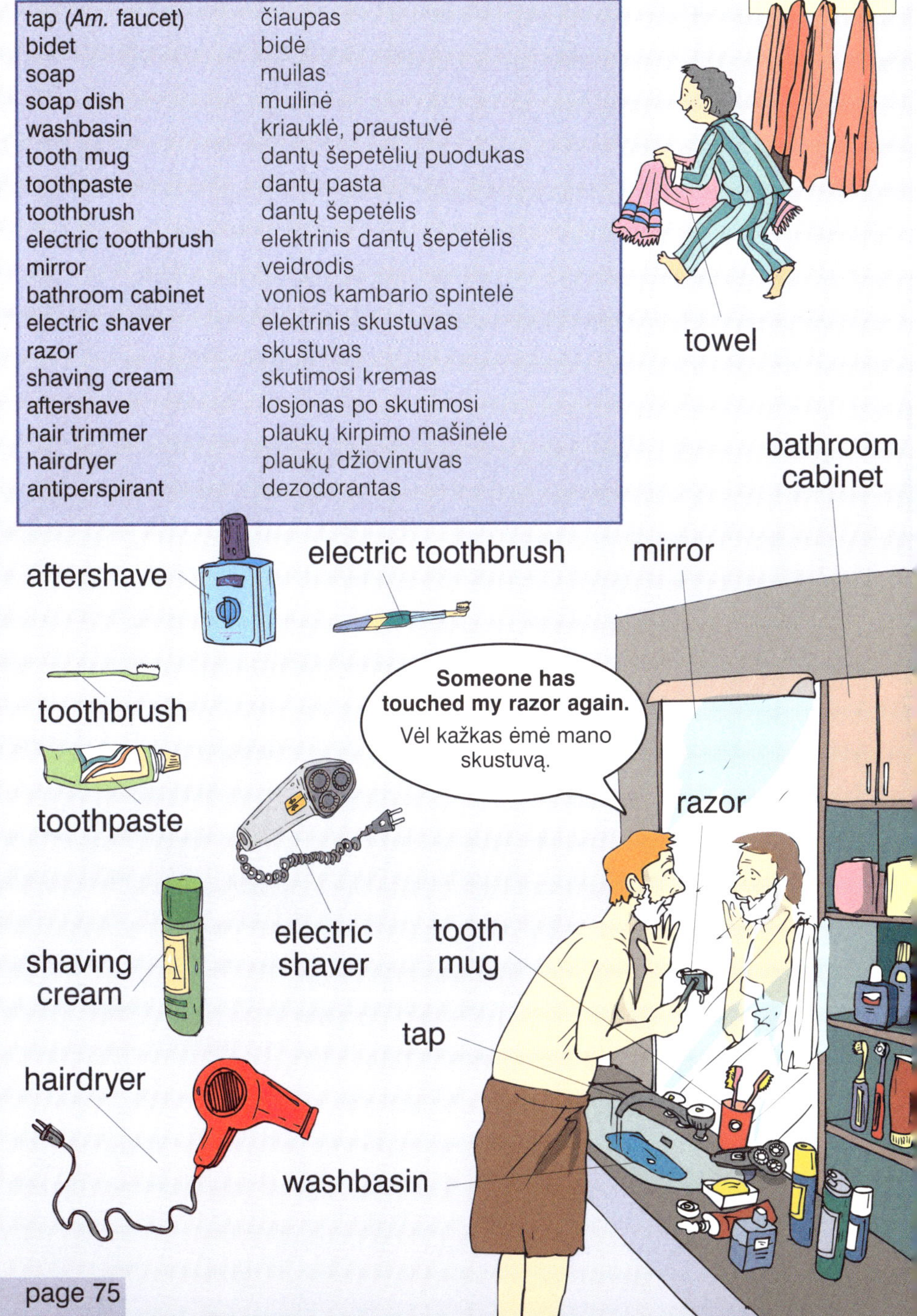

Buto remontas

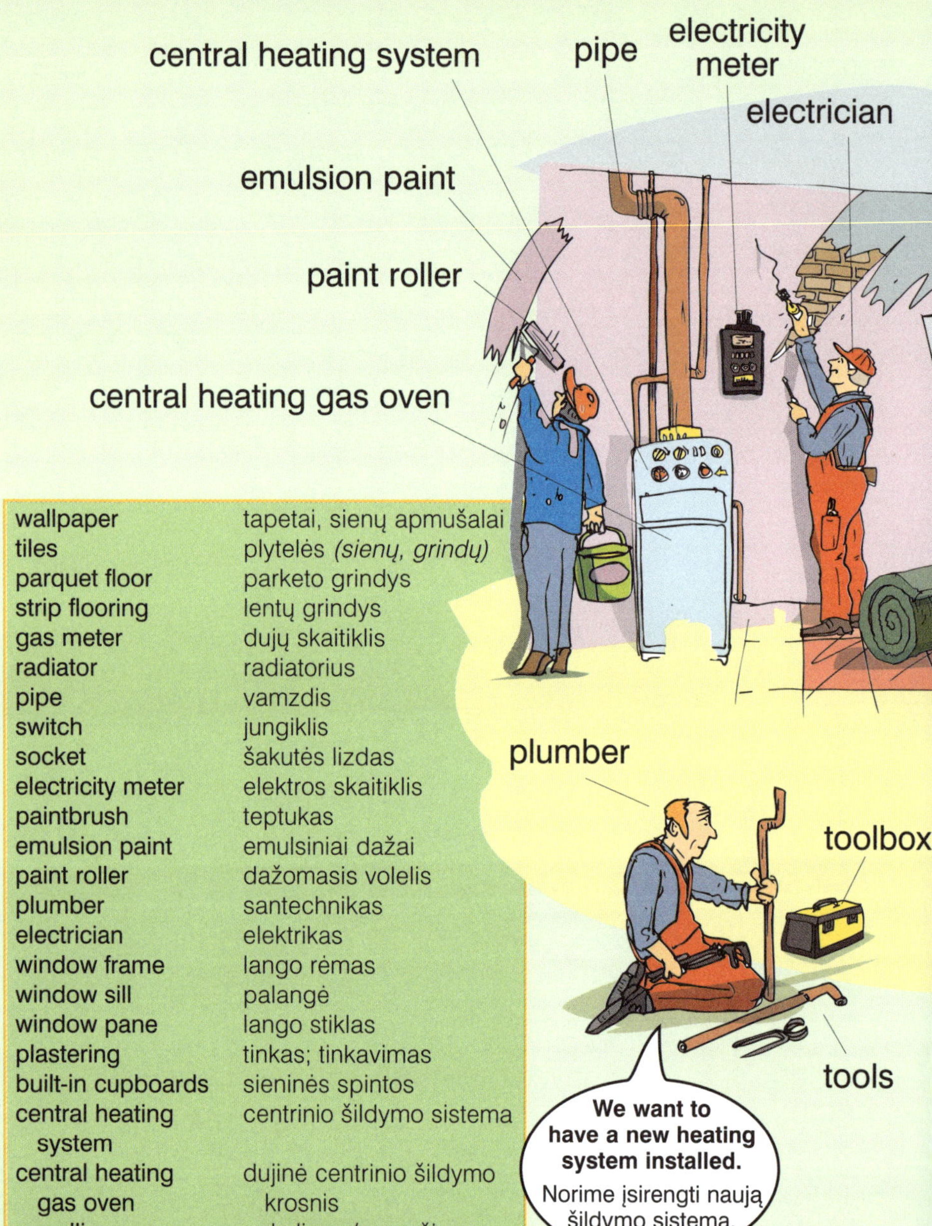

wallpaper	tapetai, sienų apmušalai
tiles	plytelės *(sienų, grindų)*
parquet floor	parketo grindys
strip flooring	lentų grindys
gas meter	dujų skaitiklis
radiator	radiatorius
pipe	vamzdis
switch	jungiklis
socket	šakutės lizdas
electricity meter	elektros skaitiklis
paintbrush	teptukas
emulsion paint	emulsiniai dažai
paint roller	dažomasis volelis
plumber	santechnikas
electrician	elektrikas
window frame	lango rėmas
window sill	palangė
window pane	lango stiklas
plastering	tinkas; tinkavimas
built-in cupboards	sieninės spintos
central heating system	centrinio šildymo sistema
central heating gas oven	dujinė centrinio šildymo krosnis
panelling	apkalimas/apmušimas plokštėmis
dividing wall	skiriamoji sienelė
tools	įrankiai
toolbox	įrankių dėžė

Flat renovation

Sodas

deckchair — šezlongas, gulimasis krėslas
garden light — sodo apšvietimas
espalier — pergolė, gyvasienė
tap — čiaupas
lawn sprinkler — vejos purkštuvas
garden ladder — sodo kopėčios
lawn — veja
garden chair — sodo kėdė
garden table — sodo stalas
swing — sūpuoklės
fence — tvora
garden path — sodo takas
sandpit — smėlio dėžė
garden pond — baseinas *(sode)*
garden rake — sodo grėblys
watering can — laistytuvas
spade — kastuvas
hammock — hamakas

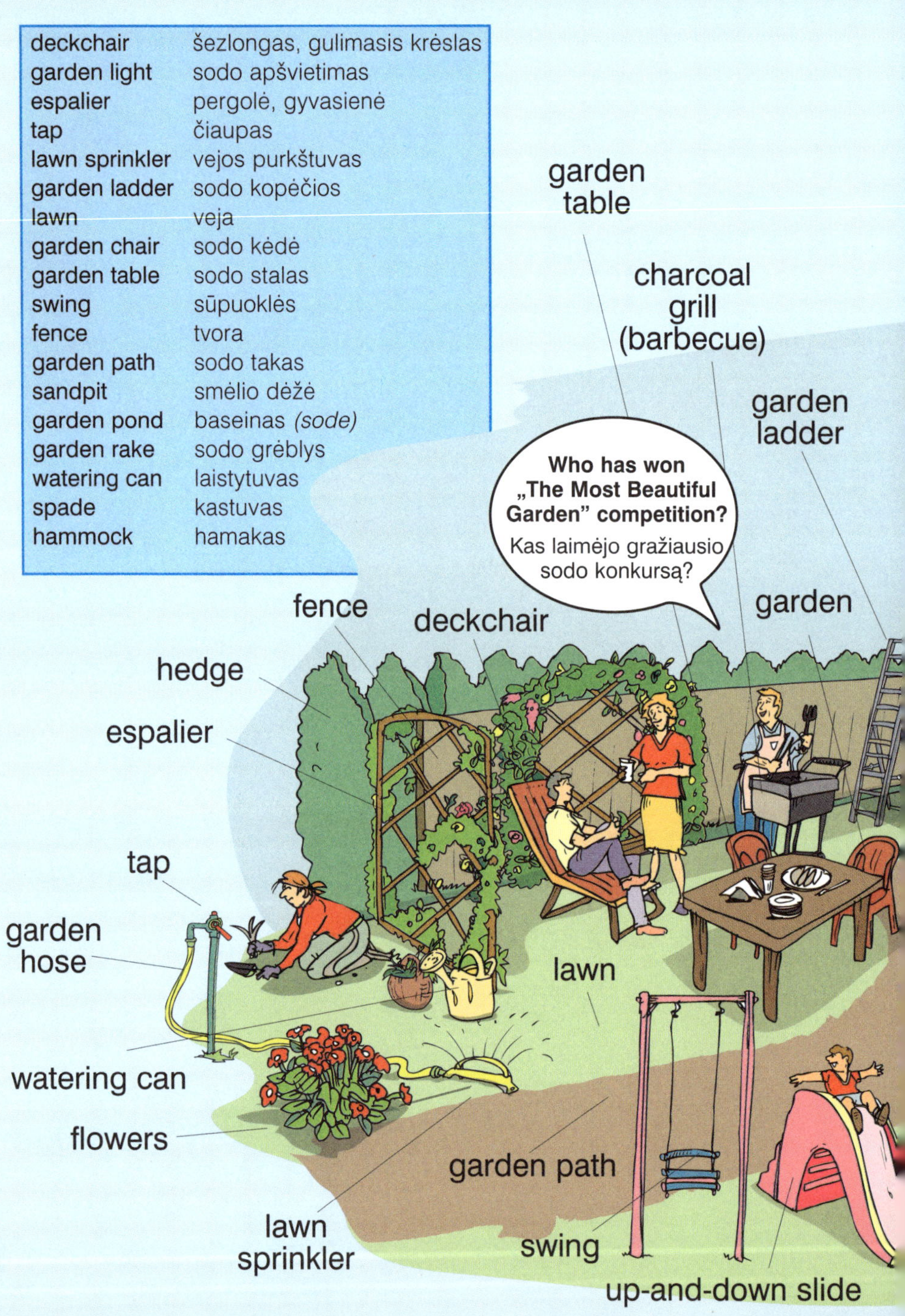

Garden

tool shed	įrankių pašiūrė
terrace	terasa
rockery	alpinariumas
garden hose	sodo laistymo žarna
garage driveway	įvažiavimas iki garažo
sunshade	sodo skėtis *(nuo saulės)*
hedge	gyvatvorė
serving trolley	stalelis su ratukais
flowers	gėlės
tree	medis
electric lawn mower	elektrinė vejapjovė/ žoliapjovė
charcoal grill (*Am.* barbecue)	medžio anglimis kūrenama kepsninė
charcoal	medžio anglis
up-and-down slide	šliaužynė
toy lorry	žaislinis sunkvežimis

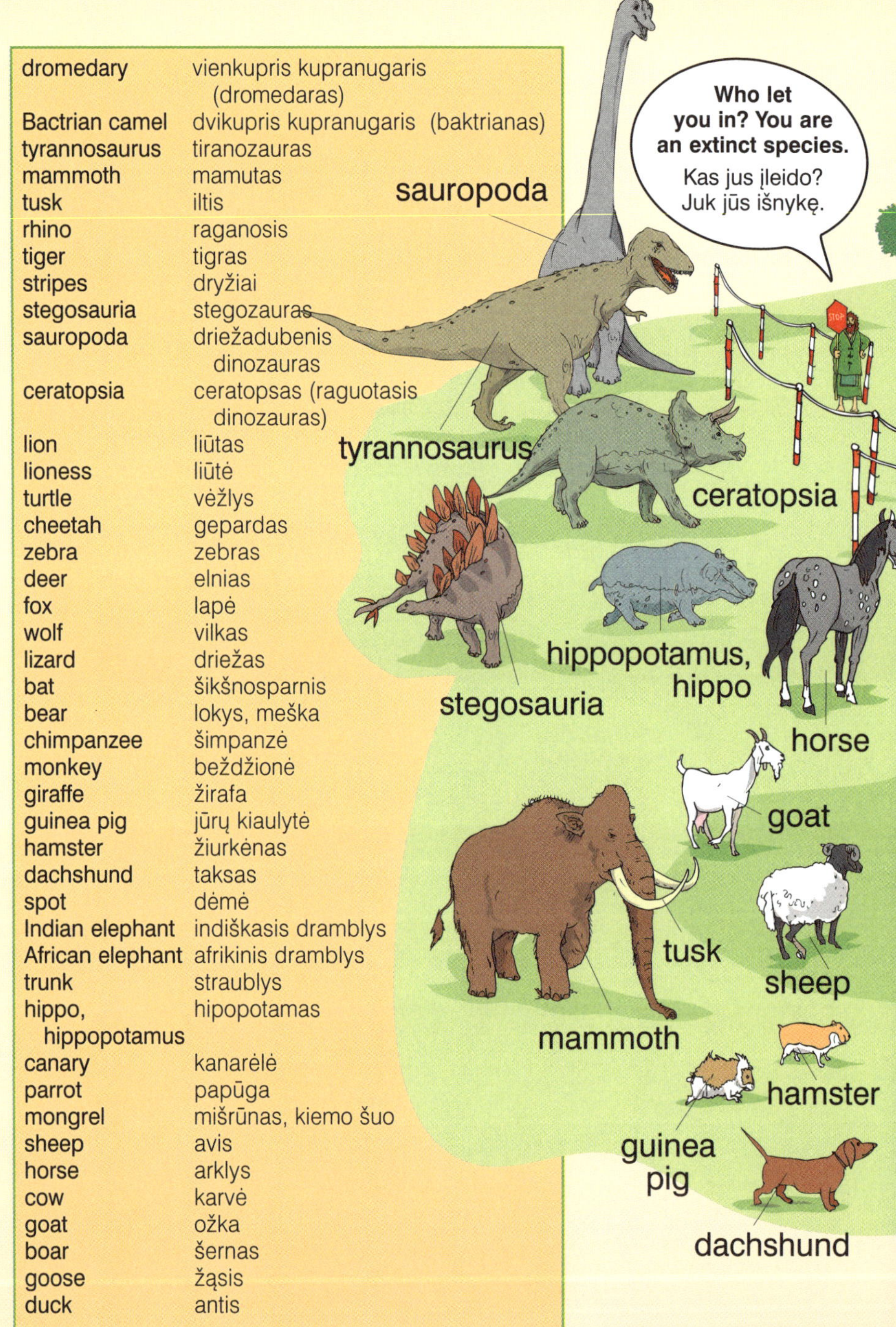

dromedary	vienkupris kupranugaris (dromedaras)
Bactrian camel	dvikupris kupranugaris (baktrianas)
tyrannosaurus	tiranozauras
mammoth	mamutas
tusk	iltis
rhino	raganosis
tiger	tigras
stripes	dryžiai
stegosauria	stegozauras
sauropoda	driežadubenis dinozauras
ceratopsia	ceratopsas (raguotasis dinozauras)
lion	liūtas
lioness	liūtė
turtle	vėžlys
cheetah	gepardas
zebra	zebras
deer	elnias
fox	lapė
wolf	vilkas
lizard	driežas
bat	šikšnosparnis
bear	lokys, meška
chimpanzee	šimpanzė
monkey	beždžionė
giraffe	žirafa
guinea pig	jūrų kiaulytė
hamster	žiurkėnas
dachshund	taksas
spot	dėmė
Indian elephant	indiškasis dramblys
African elephant	afrikinis dramblys
trunk	straublys
hippo, hippopotamus	hipopotamas
canary	kanarėlė
parrot	papūga
mongrel	mišrūnas, kiemo šuo
sheep	avis
horse	arklys
cow	karvė
goat	ožka
boar	šernas
goose	žąsis
duck	antis

Animal world

turkey	kalakutas
snake	gyvatė
buffalo	buivolas
donkey	asilas
rooster	gaidys
anteater	skruzdėda
Noah's ark	Nojaus arka

Turgus: vaisiai ir daržovės

bell pepper	saldžioji paprika
onion	svogūnas
parsley	petražolė
potato	bulvė
leek	poras
cauliflower	žiedinis kopūstas, kalafioras
spinach	špinatas
radish	ridikėlis
beetroot	burokėlis
bean	pupelė
brussel sprout	briuselinis kopūstas
tomato	pomidoras
celery	salieras
broccoli	brokolis, šparaginis kopūstas
green pea	žaliasis žirnis
asparagus	smidras
lettuce	salota
cabbage	kopūstas
Chinese cabbage	pekininis kopūstas
carrot	morka
cucumber	agurkas
gherkin	marinuotas, raugintas agurkėlis
pickle	marinuotas, raugintas agurkas
pumpkin	moliūgas
mushroom	grybas
chive	svogūnų laiškai
sauerkraut	rauginti kopūstai

Open-air market: fruit and vegetables

Parduotuvė/Prekybos centras

grocer's shop	maisto prekių parduotuvė
wrapping paper	vyniojamasis popierius
shopping bag	pirkinių krepšelis
cold shelves	šaldomosios vitrinos
window display	lango vitrina
scale	svarstyklės
shop assistant	pardavėjas
shop shelves	parduotuvės lentynos
cash register	kasos aparatas
price list	kainoraštis
receipt	kvitas
change	grąža
freezer	šaldymo kamera, šaldyklė
bar of chocolate	šokolado plytelė
stock cube	sultinio kubelis
canned fruit	konservuoti vaisiai
tinned food	konservuotas maistas
promotion	reklaminis gaminys
sales	išpardavimas
special offer	ypatinga pasiūla
local shop	vietos parduotuvė

It would be a nightmare if you had to do everyday shopping in a supermarket.

Būtų košmaras, jeigu kasdien reikėtų apsipirkti prekybos centre.

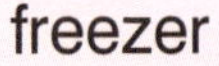

Shop/Supermarket

cash register

shop assistant

change

display counter

bar of chocolate

shopping bag

supermarket	prekybos centras
shopping trolley	pirkinių vežimėlis
display counter	vitrina-prekystalis
customer	pirkėjas
promotion ad	reklaminis skelbimas
special offer ad	ypatingos pasiūlos skelbimas
bread and bake counter	kepinių skyrius
dairy products	pieno produktai
toiletries (cosmetics)	kosmetika
cheese counter	sūrių skyrius
meat counter	mėsos skyrius
frozen food	šaldytas maistas
pet food	gyvūnėlių ėdalas
aisle	tarpas *(tarp lentynų)*
crate of beer	dėžė alaus
carton of fruit juice	sulčių pakelis
checkout	savitarnos parduotuvės kasa
cashier	kasininkas

price list

meat counter

shop shelves

bread and bake

toiletries (cosmetics)

sales

customer

shopping trolley

aisle

promotion

Bankas ir paštas

bank	bankas
ATM (cash machine)	bankomatas
cashier desk	kasininko stalas
cashier	kasininkas
bank clerk	banko tarnautojas
credit card (plastic)	kredito kortelė
debit card	debeto kortelė
cash card	mokėjimo/atsiskaitymo kortelė
expiry date	galiojimo laikas
magnetic strip	magnetinė juosta
bank account	banko sąskaita
banker	bankininkas
bank statement	banko išrašas
capital	kapitalas
interest	palūkanos
check, cheque	čekis
deposit	indėlis
exchange rate	valiutos kursas
stock market	vertybinių popierių birža
stock market index	biržos kursų suvestinis indeksas

credit card
(plastic)

expiry date

ATM
(cash machine)

bank
clerk

cashier
desk

cashier

check,
cheque

Can you make a money transfer in this ATM?

Ar šiame bankomate galima pervesti pinigus?

Bank and post office

post office	paštas
airmail	oro paštas
parcel	siuntinys
envelope	vokas
certified mail	su gavėjo patvirtinimu
registered mail (letter)	registruotas laiškas
postbox (*Am.* mailbox)	pašto dėžutė
postman (*Am.* mailman)	laiškininkas
parcels scales	siuntinių svarstyklės
directory	telefonų knyga
off-directory	nėra telefonų knygoje
letter scales (postal scale)	laiškų svarstyklės
post code (*Am.* zip code)	pašto indeksas
stamp	pašto ženklas
date stamp postmark	datą žymintis antspaudas
charge postmark	vietoj pašto ženklo užspaustas antspaudas
address	adresas
return address	siuntėjo adresas
form	blankas
to fill in a form	užpildyti blanką
cardphone	kortelinis telefonas
uniform	uniforma
postman's bag	laiškininko krepšys

date stamp
postmark

stamp

return
address

post code

Restoranas

bar	baras
beer pump	alaus čiaupas
juice glass	sulčių stiklinė
beer mug	bokalas
waitress	padavėja
waiter	padavėjas
menu card	valgiaraštis
self-service	savitarna
plate of cheeses	lentelė su sūriais
tablecloth	staltiesė
toothpicks	dantų krapštukai
napkins	servetėlės
dessert	desertas
starter	užkandis
main dish	pagrindinis patiekalas

self-service

juice glass

salad bar

beer pump

beer mug

bar

waitress

blue plate special

stuffed cabbage with mashed potatoes

menu card

napkins

fish and chips

bill

toothpicks

roast meat with jacket potatoes

Restaurant

Hamburger is the king of the world's fast-food.

Mėsainis – pasaulio greito maisto karalius.

blue plate special	pagrindinis patiekalas mažesne kaina
salad bar	salotų baras
smorgasbord	švediškas stalas
takeout, takeaway (on wheels*)	maistas išsineštinai
doggie bag	maišelis su maisto liekanomis šuniui
fish and chips	žuvis ir gruzdės
roast meat with jacket potatoes	kepta mėsa ir bulvės su lupenomis
stuffed cabbage with mashed potatoes	balandėliai su bulvių koše
bill	sąskaita

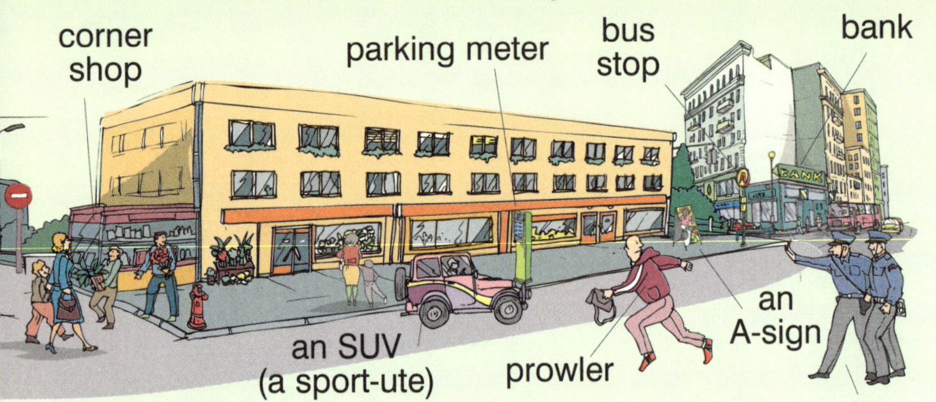

five-storey apartment block	penkių aukštų daugiabutis namas
police patrol	policijos patrulis
kiosk	kioskas
soda vending machine	gėrimų automatas
prowler	vagišius
one-way street	vienos krypties eismo gatvė
lane	kelio juosta
dome of a baroque church	barokinės bažnyčios kupolas
petrol station (*Am.* gas station)	degalinė
parking lot	automobilių stovėjimo aikštelė
roof aerial	antena ant stogo
grocer's	maisto prekių parduotuvė
off-licence	parduotuvė, pardavinėjanti alko-holinius gėrimus išsineštinai

soda vending machine

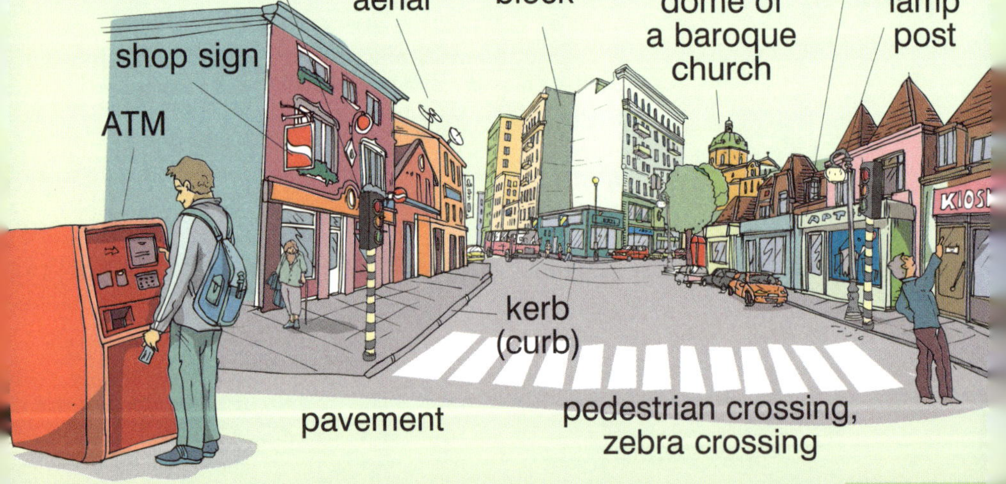

traffic lights

roof aerial

five-storey apartment block

chemist's

shop sign

dome of a baroque church

lamp post

ATM

kerb (curb)

pavement

pedestrian crossing, zebra crossing

In the street

an SUV (a sport-ute)	visureigis
homeless beggar	benamis elgeta
florist's	gėlių parduotuvė
post office	paštas
shop sign	parduotuvės iškaba
an A-sign	pastatoma reklama
neon sign	neoninė reklama
parking meter	stovėjimo skaitiklis
bank	bankas
ATM (cash machine)	bankomatas
corner shop	krautuvėlė *(ant kampo)*
pub	alinė
lamp post	žibinto stulpas

homeless
beggar

one-way
street

pedestrian crossing, zebra crossing	pėsčiųjų perėja
bus stop	autobusų stotelė
pavement (*Am.* sidewalk)	šaligatvis
kerb (curb)	šaligatvio bortelis
traffic lights	šviesoforas
roundabout	žiedinė sankryža
chemist's (*Am.* pharmacy)	vaistinė
tram (*Am.* streetcar, trolley)	tramvajus
trolley wire	troleibuso laidas

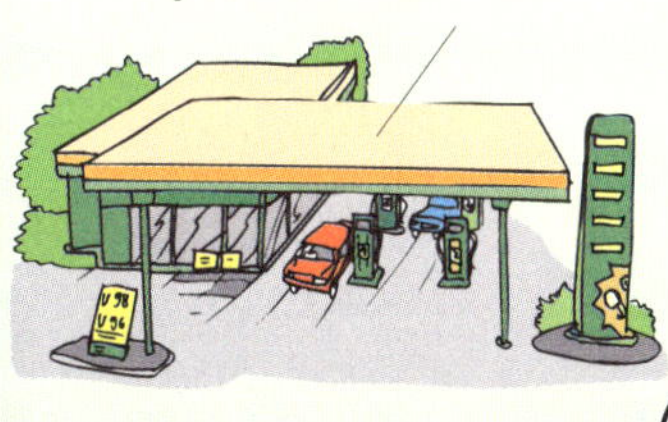
petrol station

Automobilis

dipped beam (low beam)	artimosios šviesos
temperature regulator	temperatūros reguliatorius
sidelights	stovėjimo žibintai
front indicator light	priekinis posūkio žibintas
wiper and washer switch	stiklų valytuvo jungiklis
indicator and dimming switch	posūkio ir šviesų perjungimo jungiklis
fuel gauge	degalų kiekio rodiklis
fuel warning light	degalų kiekio kontrolinė lempa
to drive toes and heels	važiuoti tai spaudžiant greičio pedalą, tai stabdant
gear lever	pavarų perjungimo svirtis
to call a car emergency	iškviesti techninės pagalbos automobilį
to exceed a speed limit	viršyti leistiną greitį

Car

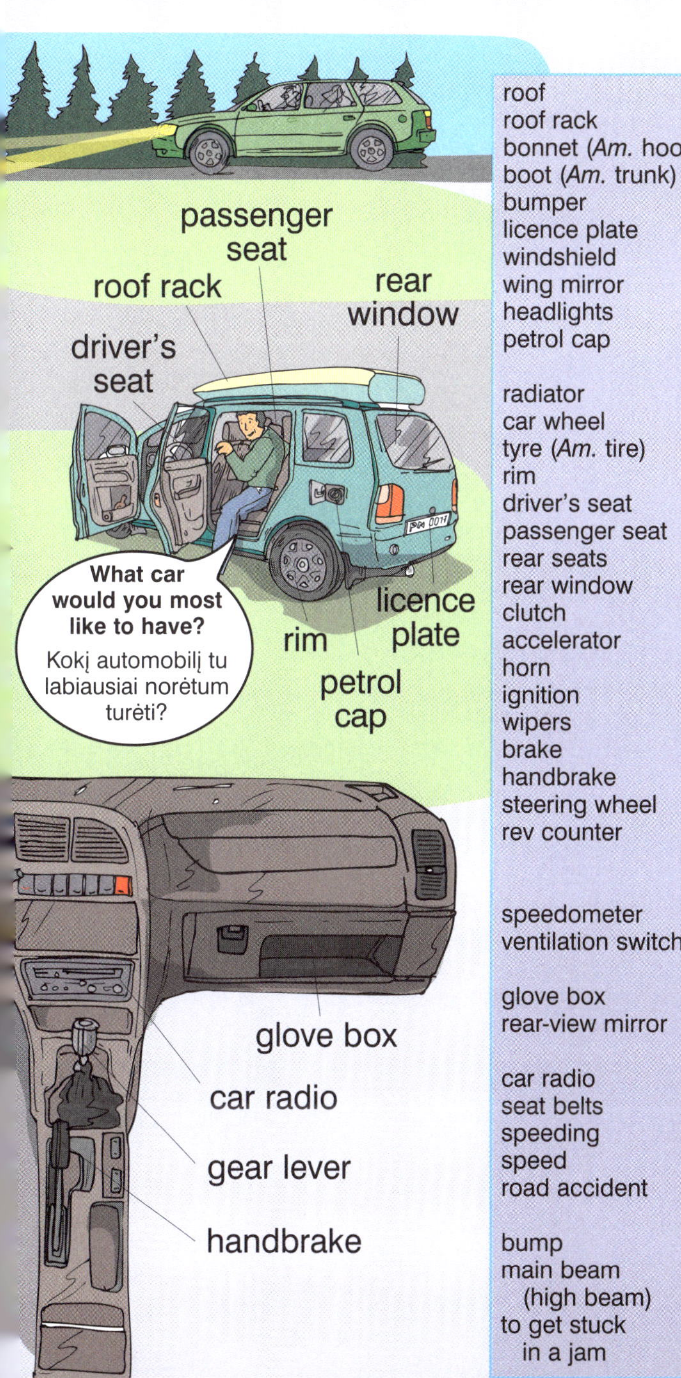

roof	stogas
roof rack	stogo bagažinė
bonnet (*Am.* hood)	variklio dangtis
boot (*Am.* trunk)	bagažinė
bumper	buferis
licence plate	numerio lentelė
windshield	priekinis stiklas
wing mirror	šoninis veidrodėlis
headlights	priekiniai žibintai
petrol cap	benzino bako dangtelis
radiator	radiatorius
car wheel	automobilio ratas
tyre (*Am.* tire)	padanga
rim	ratlankis
driver's seat	vairuotojo sėdynė
passenger seat	keleivio sėdynė
rear seats	galinės sėdynės
rear window	galinis stiklas
clutch	sankaba
accelerator	akceleratorius
horn	garso signalas
ignition	uždegimas
wipers	valytuvai
brake	stabdis
handbrake	rankinis stabdis
steering wheel	vairas
rev counter	tachometras (*sukimosi dažnių skaitiklis*)
speedometer	spidometras
ventilation switch	ventiliatoriaus jungiklis
glove box	daiktinė, daiktadėžė
rear-view mirror	užpakalinio vaizdo veidrodėlis
car radio	automobilio radijas
seat belts	saugos diržai
speeding	greičio viršijimas
speed	greitis
road accident	avarija, eismo įvykis
bump	susidūrimas
main beam (high beam)	tolimosios šviesos
to get stuck in a jam	patekti į spūstį

Stotyje

express train

fast train

platform

slow train

engine,
a locomotive

platform	peronas
single (*Am.* one-way)	bilietas į vieną pusę
return to London	bilietas į Londoną ir atgal
to book tickets	užsakyti bilietus iš anksto
tunnel to the platform	tunelis į peroną
left luggage lockers	rakinamos bagažo saugojimo spintelės
schedule (*Am.* a timetable)	tvarkaraštis
waiting room	laukiamoji salė
ticket machine	bilietų automatas
first class compartment	pirmosios klasės kupė
corner seat	vieta prie sienos arba lango
armrest	porankis
headrest	atrama/atlošas galvai
passenger	keleivis
suitcase	lagaminas
trolley	bagažo vežimėlis
express train	ekspresas
fast train	greitasis traukinys
slow train	lėtasis traukinys
engine, a locomotive	garvežys

sleeping car

to book tickets

platform's
speaker

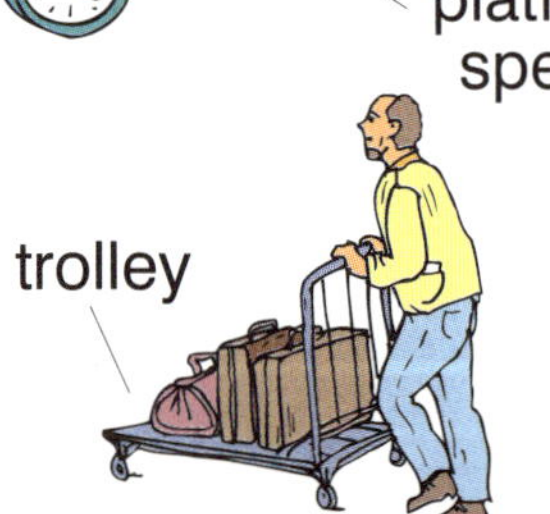

trolley

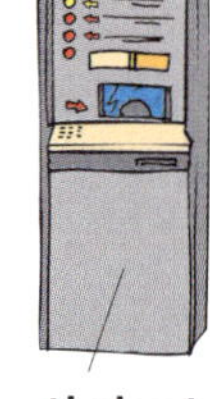

ticket
machine

single

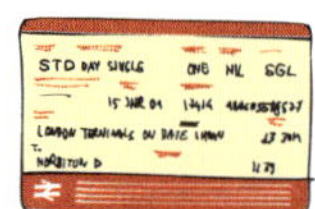

return
to London

At the station

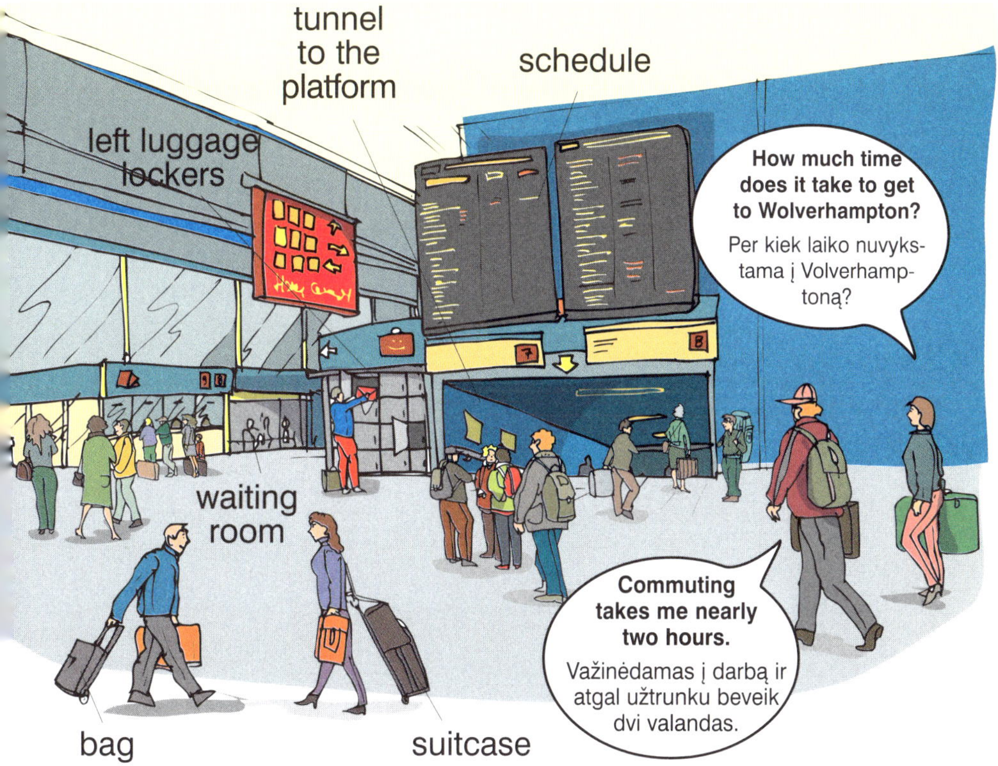

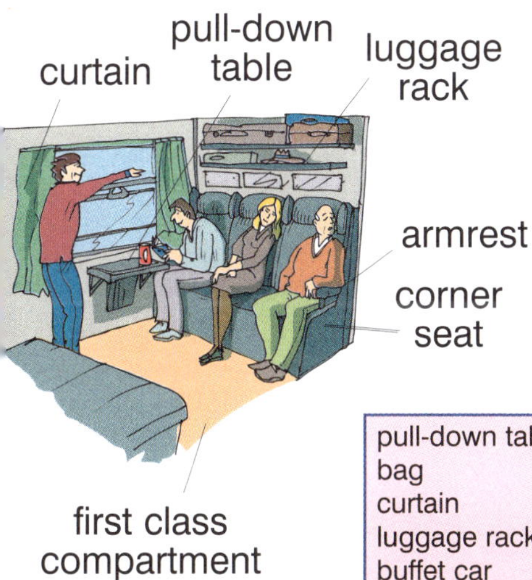

tunnel
to the
platform

schedule

left luggage
lockers

waiting
room

bag

suitcase

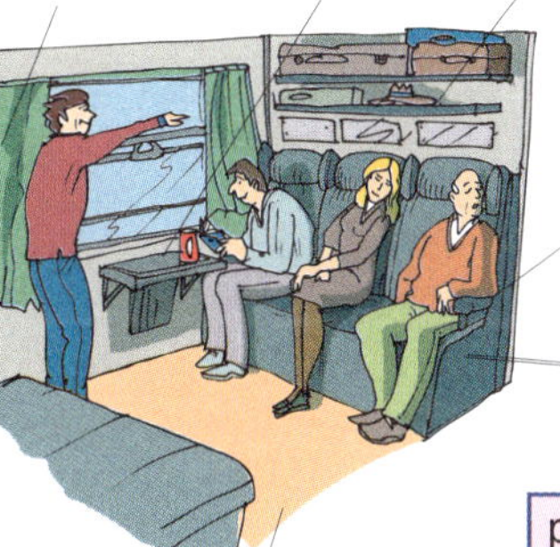

buffet car

pull-down table	atverčiamasis staliukas
bag	lagaminėlis
curtain	užuolaida
luggage rack	bagažo lentyna
buffet car	restorano vagonas
sleeping car	miegamasis vagonas

cockpit

aisle

runway	kilimo ir leidimosi takas
propeller-driven aircraft	propelerio varomas lėktuvas
jet (plane)	reaktyvinis lėktuvas
supersonic airliner	viršgarsinis oro laineris

cockpit	lakūno kabina
boarding	(į)sėdimas, (į)lipimas
boarding pass	įsėdimo bilietas
cargo hold	bagažo patalpa
passenger cabin	keleivių salonas
carry-on luggage	rankinis bagažas
charter flight	užsakomasis reisas
life jacket	gelbėjimosi liemenė
overhead rack	viršutinė bagažo lentyna

terminal

waiting room

seat belts	saugos diržai
tray table	atverčiamasis staliukas
terminal	oro uosto salė
stewardess	stiuardesė
aisle	tarpas tarp sėdynių
first class	pirmosios klasės vietos
business class	verslo klasė
tourist class	žemiausia klasė

At the airport

propeller-driven aircraft

boarding

life jacket

carry-on luggage

business class

passenger cabin

trolley	stalelis su ratukais
waiting room	laukiamoji salė
check-in	registracijos vieta
airbridge	tunelis į lėktuvą, koridorius/ takas į lėktuvą/salę
baggage reclaim	bagažo atsiėmimo vieta
duty free shop	neapmuitinamų prekių parduotuvė
departure lounge	išvykimo salė

trolley
tray table

duty free shop

stewardess

Kraštovaizdis: fizinė geografija

peninsula	pusiasalis
rigged coastline	nelygi kranto linija
sandy beach	smėlėtas paplūdimys
pebble beach	akmenuotas paplūdimys
cliff	uola
ravine	tarpeklis
summit (peak)	viršukalnė
hill	kalva
lowlands	žemuma
highlands	aukštuma
key	žemėlapio legenda
archipelago	salynas
lake	ežeras
lakeland	ežerynas
map scale	žemėlapio mastelis
pass	perėja *(kalnuose)*
gully	gili dauba/loma *(išgraužta vandens)*
stream	upelis
plain	lyguma
mountain chain	kalnų grandinė, kalnynas

What a beautiful scenery!
Koks gražus vaizdas/peizažas!

It would be lovely to live by the lake.
Būtų puiku gyventi prie ežero.

Landscape: physical geography

glacier	ledynas
mouth of the river	upės žiotys
holiday resort	atostogų kurortas
sand dunes	smėlio kopos
pole (North Pole, South Pole)	ašigalis (Šiaurės ašigalis, Pietų ašigalis)
thickly forested plateau	tankiu mišku apaugęs plokščiakalnis
steep slope covered in forest	status šlaitas, apaugęs mišku
offshore island	netoli kranto esanti sala

Oras, metų laikai, klimatas

polar climate

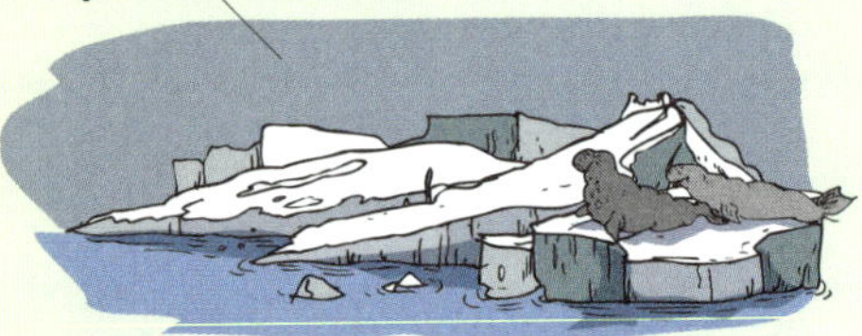

moderate climate

snow is melting

frosty morning

polar winds

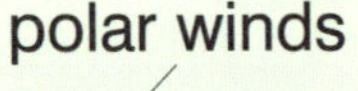

severe winter

it's freezing

murky day

sleet

drizzle

rain

snow

What can you do on a day like this?
Ką galima veikti to-
kią dieną kaip ši?

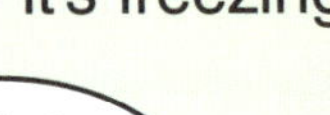

fog	rūkas
drizzle	smulkus lietus, dulksna
rain	lietus
snow	sniegas
hail	kruša
sleet	šlapdriba
twister	tornadas
spells of sunshine	pragiedruliai
shower	liūtis
grey, cloudy day	niūri/tamsi, debesuota diena
frosty morning	speiguotas rytas
it's clearing up	giedrėja
breeze	švelnus vėjelis
cloudless sky	giedras dangus
gust	šuoras *(vėjo)*
overcast sky	apsiniaukęs dangus
murky day	tamsi/niūri diena
it's freezing	šąla
thunderbolt	žaibas su griaustiniu
lightning	žaibas
thunderstorm	audra su perkūnija

overcast sky

twister

lightning

the eye of the cyclon

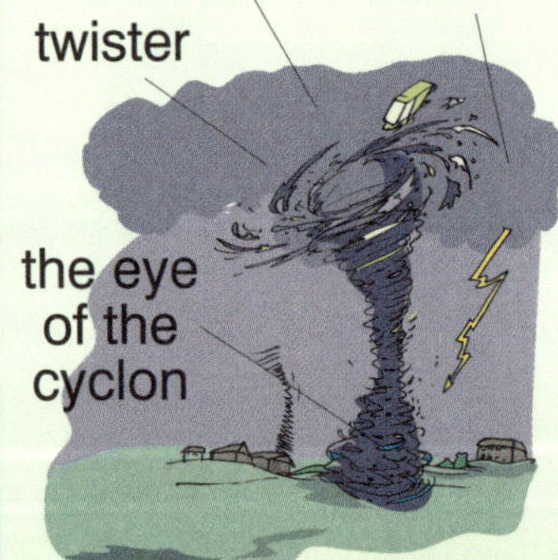

grey,
cloudy day

it's
clearing up

shower

spells of
sunshine

gust

sunny day	saulėta diena
spring thaw	pavasario atodrėkis
dog days	karštymetis, vasaros karščiai
indian summer	bobų vasara
snow is melting	sniegas tirpsta
continental climate	žemyninis klimatas
severe winter	šalta žiema
hot summer	karšta vasara
moderate climate	vidutiniškas klimatas
tropical climate	tropinis klimatas
heavy rains in rain season	smarkūs lietūs lietinguoju laikotarpiu
polar climate	poliarinis klimatas
polar winds	poliariniai vėjai
seismic (seismal) vibrations	seisminiai virpesiai
earthquake	žemės drebėjimas
the eye of the cyclone	ciklono centras

earthquake

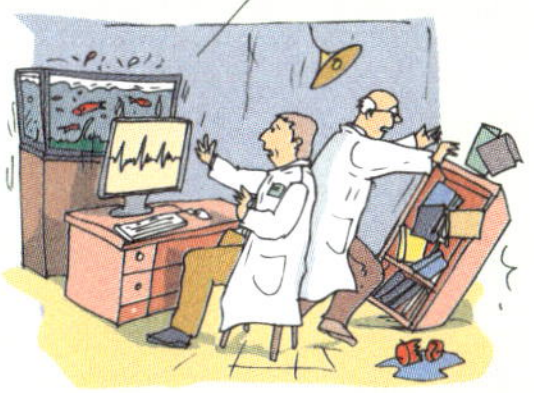

fog

cloudless
sky

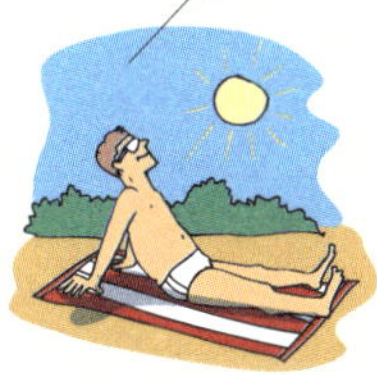

heavy rains
in rain season

sunny day

hot
summer

continental climate

tropical climate

Istorija: pastatai

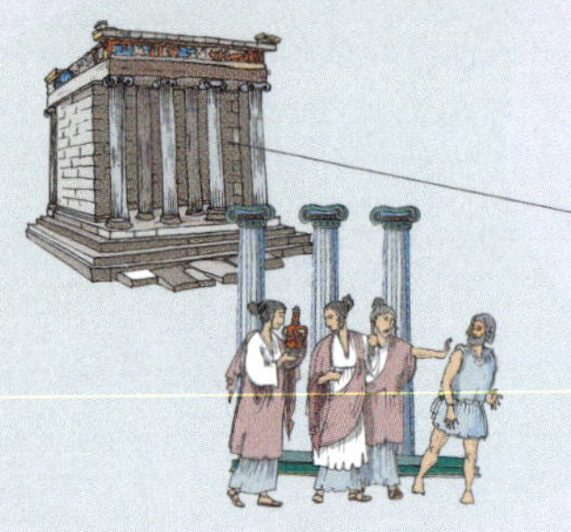

ancient
Greek
temple

Egyptian
pyramid

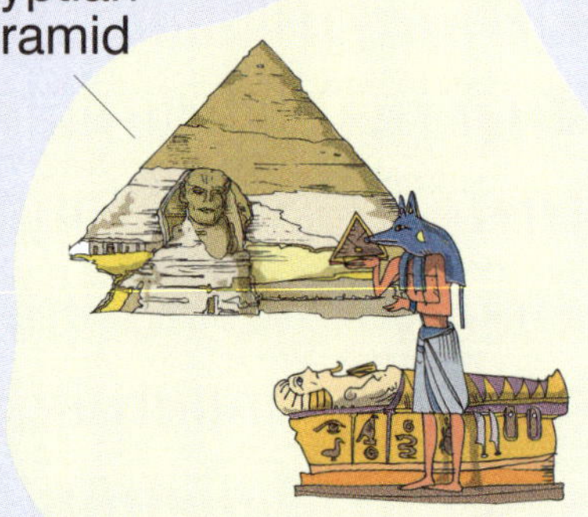

Only priests could enter a Greek temple.
Tik dvasininkai galėdavo įeiti į graikų šventyklą.

Egyptian pyramid	Egipto piramidė
ancient Greek temple	senovės graikų šventykla
medieval castle	viduramžių pilis
Baroque palace	baroko rūmai
class "0" object	nulinės klasės objektas
protected monument	saugomas paminklas
vintage house	senoviškas namas

medieval
castle

protected monument

Renaissance
town hall

Baroque palace

class "0" object

History: buildings

Victorian house

Gothic churches were the highest buildings in towns.
Gotikinės bažnyčios buvo aukščiausi miesto pastatai.

Gothic church

vintage house

Renaissance town hall	Renesanso laikotarpio rotušė
station	stotis
Gothic church	Gotikinė bažnyčia
Victorian house	Viktorijos laikų namas
bust of a cruel dictator	žiauraus diktatoriaus biustas
(suspension) bridge	(kabamasis) tiltas
nuclear power plant	branduolinės energijos gamykla
modern apartment block	šiuolaikiškas daugiabutis namas

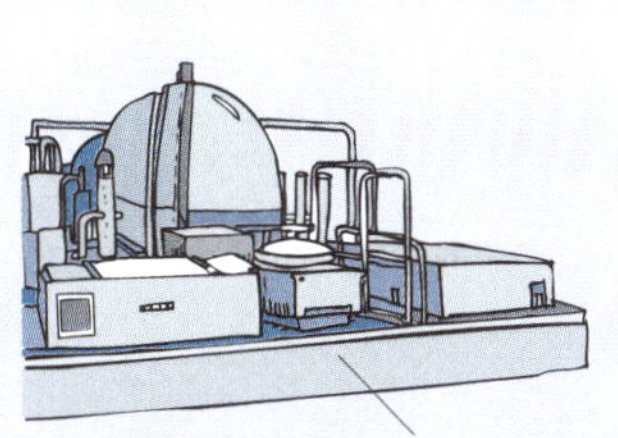
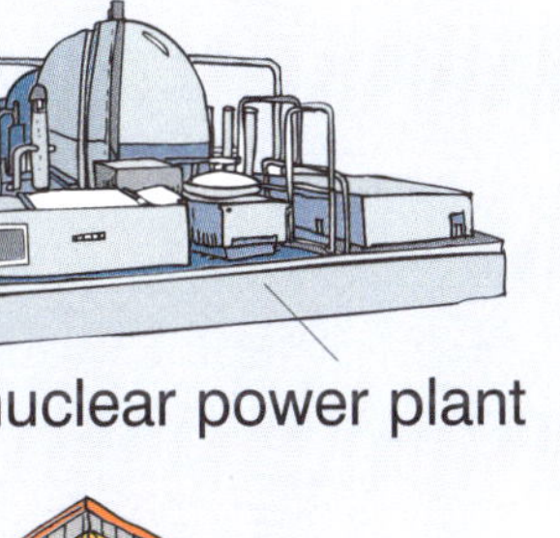
nuclear power plant

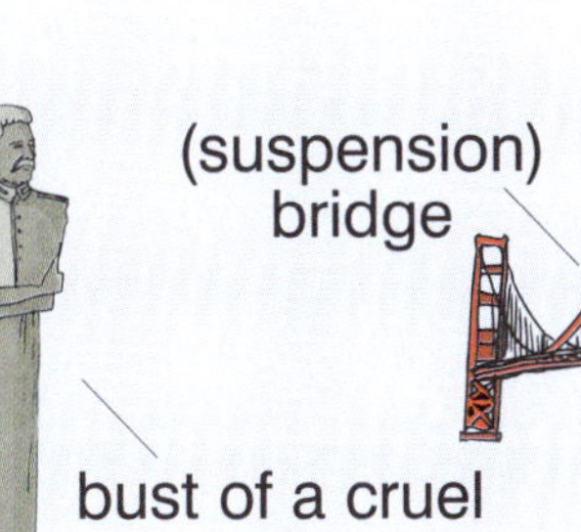
(suspension) bridge

bust of a cruel dictator

modern apartment block

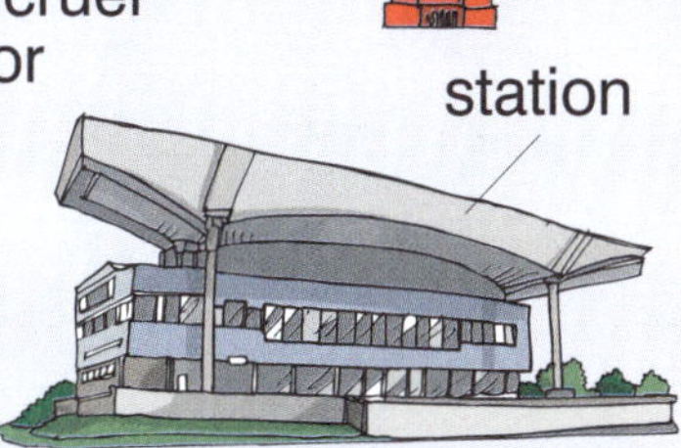
station

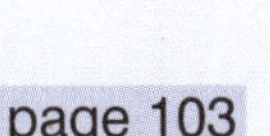

Politika

press
conference

propaganda

banner

demonstration

political ranking

Famous quotations

Žinomos citatos

**Ask not what your country can do for you;
ask what you can do for your country.**

Neklausk, ką tavo šalis gali dėl tavęs padaryti;
klausk, ką tu gali padaryti dėl savo šalies.
John F. Kennedy

Politics is too serious a matter to be left to the politicians.
Politika per daug rimtas reikalas, kad būtų galima palikti
ją politikams.
Charles de Gaulle

**In the modern world power is concentrated
in a few powerful states and private tyrannies
closely linked to them – great corporations that
dominate economical, social and political life.**

Šiuolaikinio pasaulio valdžia sutelkta keliose galingose
valstybėse ir artimai su jomis susijusiose privačiose tironijose –
didelėse korporacijose, valdančiose ekonominį, socialinį ir politinį gyvenimą.
Noam Chomsky

president

mass media

politician

governement

an MP

Politics

local authorities

prime minister

an MP	parlamento narys
(Member of Parliament)	
prime minister	premjeras
politician	politikas
political ranking	politikų reitingai
political campaign	politinė kampanija
propaganda	agitacija
mass media	masinės informavimo priemonės
press conference	spaudos konferencija
spokesperson	spaudos atstovas
governement	valdžia
president	prezidentas
local authorities	vietos valdžia
election	rinkimai
banner	plakatas
demonstration	demonstracija
pamphlet	brošiūra/rinkimų lankstinukas
speaker	pranešėjas
podium	tribūna
polling officers	rinkimų komisija
electoral list	kandidatų sąrašas
ballot box	rinkimų urna
voter	balsuotojas
popular election	visuotiniai rinkimai

spokesperson

speaker

podium

electoral list

polling officers

voter

ballot box

Muzika, muzikos instrumentai

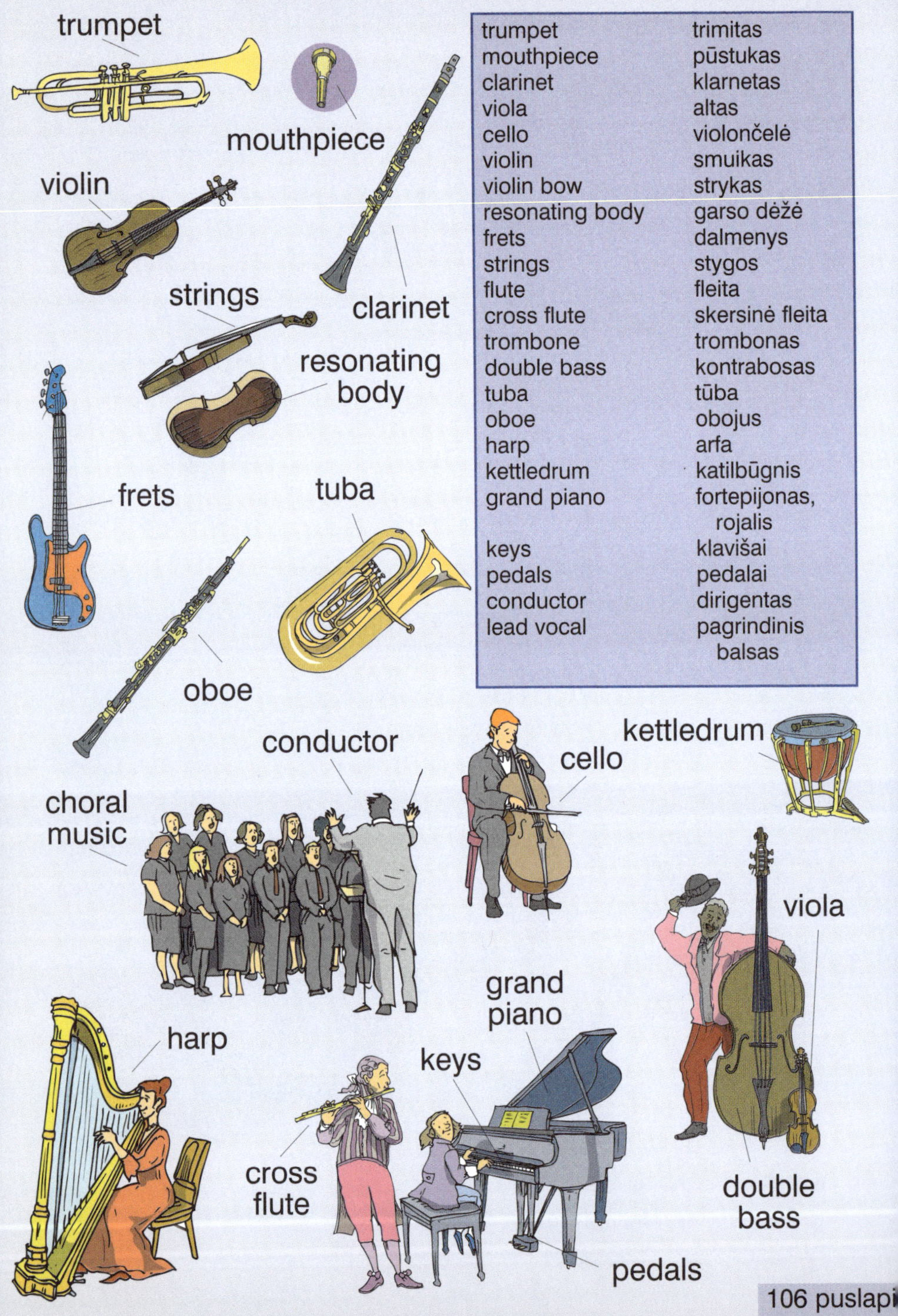

trumpet	trimitas
mouthpiece	pūstukas
clarinet	klarnetas
viola	altas
cello	violončelė
violin	smuikas
violin bow	strykas
resonating body	garso dėžė
frets	dalmenys
strings	stygos
flute	fleita
cross flute	skersinė fleita
trombone	trombonas
double bass	kontrabosas
tuba	tūba
oboe	obojus
harp	arfa
kettledrum	katilbūgnis
grand piano	fortepijonas, rojalis
keys	klavišai
pedals	pedalai
conductor	dirigentas
lead vocal	pagrindinis balsas

Music, musical instruments

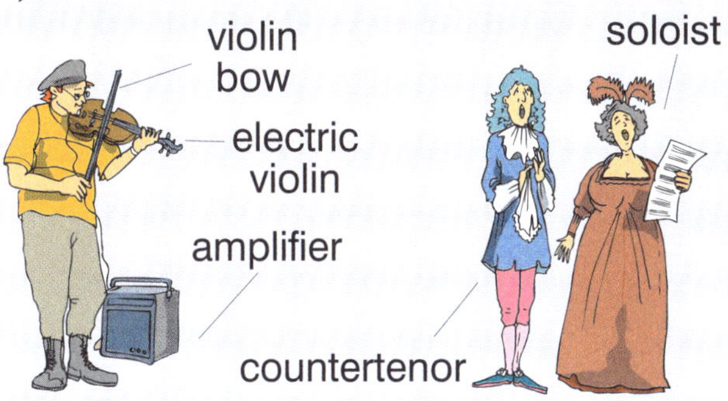

lead guitar	solo gitara
bass guitar	bosinė gitara
neck	grifas
drums	būgnai
drumstick	būgno lazdelė
cup cymbals	lėkštės
wire brush	šluotelė
keyboards	klavišiniai instrumentai
electric violin	elektrinis smuikas
amplifier, amp	stiprintuvas
microphone, mic, mike	mikrofonas
choir	choras
choral music	chorinė muzika
soloist	solistas
bass	bosas
baritone	baritonas
tenor	tenoras
countertenor	kontratenoras
alto	altas
soprano	sopranas

Do you play any instrument?
Ar groji kokiu nors instrumentu?

Which music do you prefer?
Kokią muziką mėgsti labiau?

Visata

Sun
sunspots
solar eclipse
Mercury
Venus
full moon
Earth
Mars
new moon
Jupiter
Saturn
ring
Uranus
Neptune
Pluto
Solar System
Sun
Mercury
Venus
Earth
Mars
Jupiter
Saturn
Uranus
Neptune
Pluto
Saulės sistema
Saulė
Merkurijus
Venera
Žemė
Marsas
Jupiteris
Saturnas
Uranas
Neptūnas
Plutonas
That's one small step for man, one giant leap for mankind. (Neil Armstrong)
Žmogui – tik žingsnelis, o žmonijai – didžiulis šuolis.

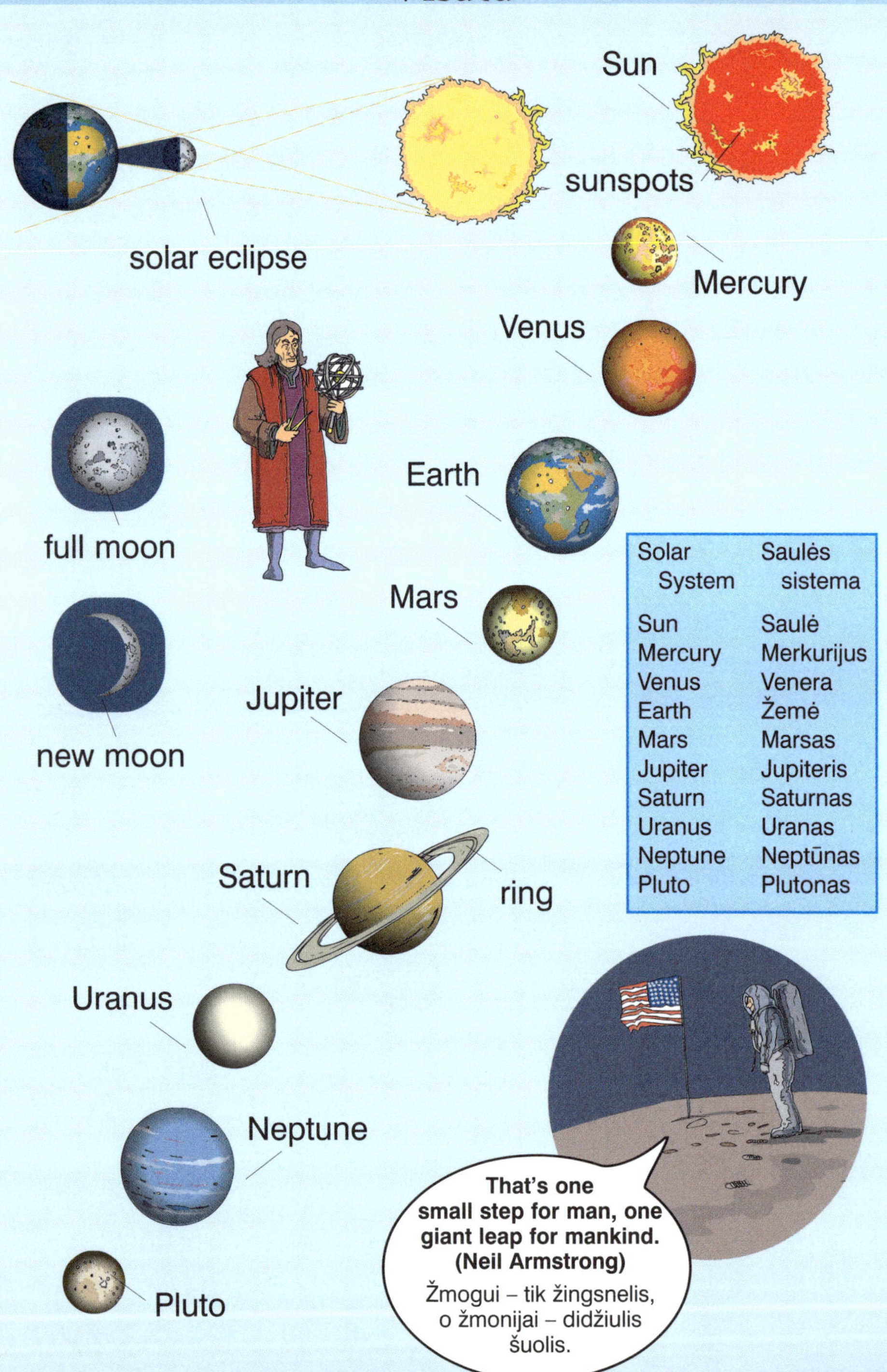

The Universe

black hole

Pole
Star

observatory

Little Bear

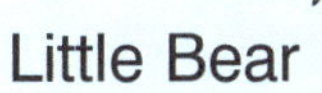

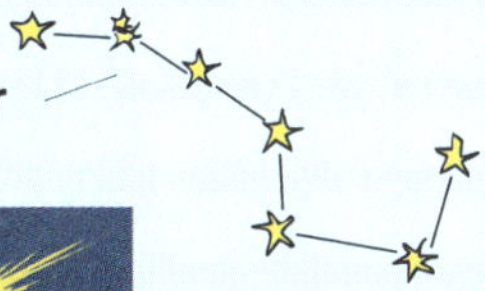

comet

supernova

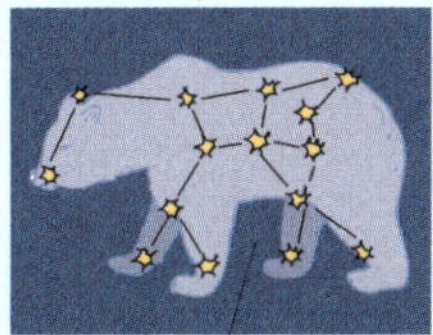

Great Bear

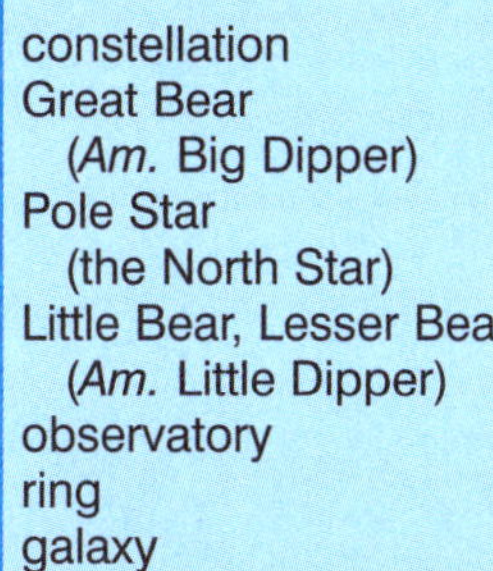

asteroids	asteroidai
comet	kometa
black hole	juodoji skylė
supernova	supernova
full moon	(mėnulio) pilnatis
new moon	mėnulio pilnatis
sunspots	Saulės dėmės
solar eclipse	Saulės užtemimas
constellation	žvaigždynas
Great Bear (*Am.* Big Dipper)	Didieji Grįžulo Ratai
Pole Star (the North Star)	Šiaurinė žvaigždė
Little Bear, Lesser Bear (*Am.* Little Dipper)	Mažieji Grįžulo Ratai
observatory	observatorija
ring	žiedas
galaxy	galaktika

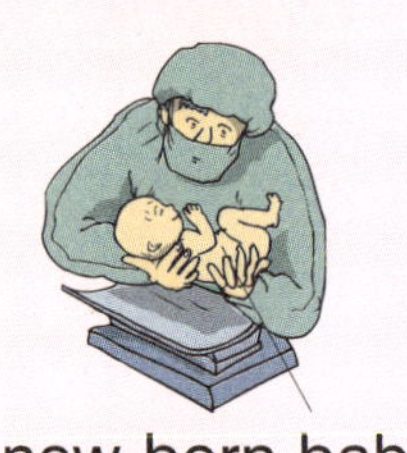

new-born baby

schoolboy

infancy

toddler

bobbysoxer

teenager

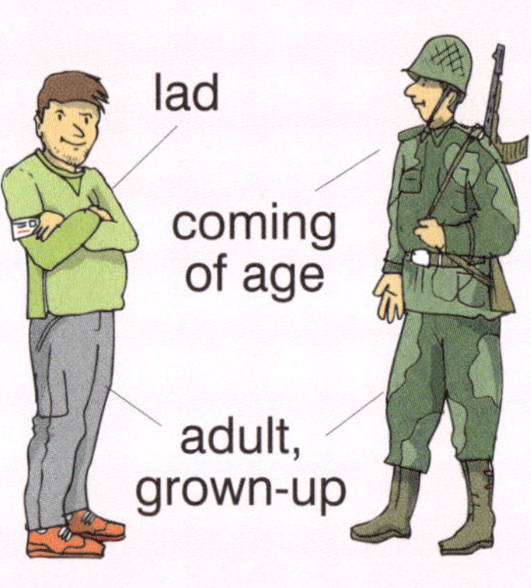

lad

coming
of age

adult,
grown-up

lass

new-born baby	naujagimis
infancy	kūdikystė, ankstyvoji vaikystė
toddler	pradedantis vaikščioti mažylis
schoolboy	moksleivis
bobbysoxer	paauglė trumpomis kojinaitėmis
teenager	paauglys
lad	vaikinas, jaunuolis, vyrukas
lass	mergaitė, mylimoji
coming of age	tapimas pilnamečiu
he is over 20	jam virš dvidešimt
in mid-twenties	apie 25 metų
adult, grown-up	pilnametis, suaugęs žmogus

he is
over 20

on the wrong
side of forty

Life history: from birth till death

he has turned forty	jam jau (suėjo) keturiasdešimt
middle-aged	vidutinio amžiaus
on the wrong side of forty	virš keturiasdešimties
mature	subrendęs
he's aging	jis sensta
still going strong	dar pajėgus / stiprus
as old as the hills	senas kaip pasaulis
he has died	jis mirė
he has kicked the bucket	jis pakratė kojas
adult	pilnametis
she's over twenty	jai virš dvidešimt

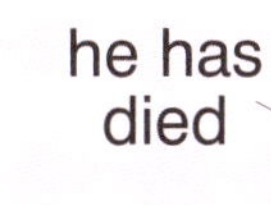

Svajonės

no duties	jokių pareigų
no bills	jokių sąskaitų
no limits to pleasures	jokių apribojimų malonumams
goldfish fulfilling all dreams	auksinė žuvelė, pildanti visus norus
air-conditioned house full of remote controls	namas su oro kondicionavimu ir daugybe nuotolinio valdymo pultelių
sandy beach with palm trees at hand	smėlėtas paplūdimys su palmėmis šalia
rich library	turtinga biblioteka
huge collection of CDs with all kinds of music	didžiulė kompaktinių plokštelių kolekcija su įvairia muzika
deckchair in shade	šezlongas pavėsyje
sports gear	sporto reikmenys
fridge full of cold drinks	pilnas šaltų gėrimų šaldytuvas
sailing boat and motorboat in case	burlaivis ir motorinė valtis, jei prireiktų

sports gear

trees

palm

motorboat

sailing boat

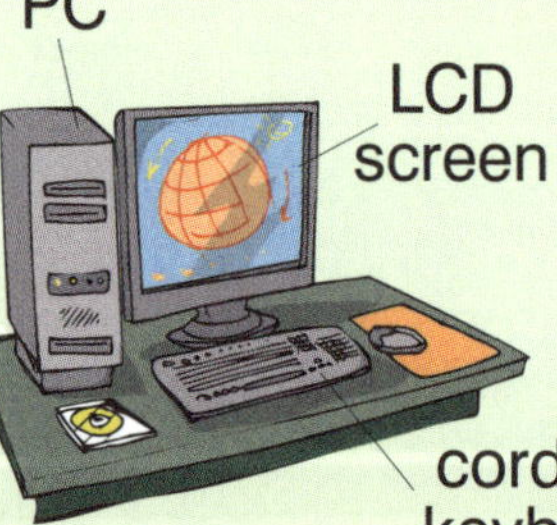

goldfish

fridge

beach

laid back

deckchair

PC

LCD screen

huge collection of CDs

cordless keyboard

Dream place

PC with LCD screen, cordless mouse
  and cordless keyboard,
  constantly online
he is so laid back
  that he is horizontal
snow-covered mountains
  on the horizon
all-terrain four-wheel-drive
  SUV in the garage

nuolat įjungtas asmeninis kompiuteris su
  skystųjų kristalų monitoriumi, belaide
  pele ir belaide klaviatūra
jis toks ramus, kad guli išsitiesęs

sniegu padengti kalnai tolumoje

visureigis keturiais varomais ratais
  garaže

Garsų simboliai

Pateikiame kai kurių garsų simbolių paaiškinimus:

ʒ – tariamas panašiai kaip lietuviškas *ž*

dʒ – tariamas panašiai kaip lietuviškas *dž*

θ – tariamas kaip lietuviškas *s*, tik liežuvis tarp dantų

ð – tariamas kaip lietuviškas *z*, tik liežuvis tarp dantų

ŋ – nosinis garsas, tariamas panašiai kaip žodyje *banga*

ʃ – tariamas panašiai kaip lietuviškas *š*

tʃ – tariamas panašiai kaip lietuviškas *č*

æ – tariamas panašiai kaip žodyje *beržas*

ʌ – labai trumpas *a*, tariamas panašiai kaip žodyje *tas*

ə – labai trumpas garsas *e*

Garso simbolis ɪ nurodo trumpą garsą, kaip lietuviškame žodyje „liks", o iː – ilgą garsą, kaip žodyje rytas. Jei transkripcijoje rasite *r* (kursyvu), reiškia šiame žodyje amerikiečiai taria šį garsą, bet britai netaria. Taigi, Didžiojoje Britanijoje automobilį vadina /kɑː/, o Jungtinėse Valstijose – /kɑːr/.

A

abiturientas, absolventas, diplomantas – graduate /ˈgrædjuɪt/

abrikosas – apricot /ˈeɪprɪkɒt/

adresas – address /əˈdres/

agitacija – propaganda /ˌprɒpəˈgændə/

agurkas – cucumber /ˈkjuːkʌmbər/

agurkas (*marinuotas, raugintas*) – pickle /ˈpɪkl/

agurkėlis (*marinuotas, raugintas*) – gherkin /ˈgɜːrkɪn/

aiktelėti – gasp /gɑːsp/

aitrioji paprika – chilli /ˈtʃɪli/

akceleratorius – accelerator /ækˈseləreɪtər/

akis – eye /ai/

aktyvus – active /ˈæktɪv/

alergiškas – allergic /əˈlɜːrdʒɪk/

aliejus – oil /ɔɪl/

alinė – pub /pʌb/

alyvų spalvos, gelsvai žalias – olive /ˈɒlɪv/

alkūnė – elbow /ˈelbəʊ/

alpinariumas – rockery /ˈrɒkəri/

altas – alto /ˈæltəʊ/

altas – viola /vɪˈəʊlə/

alus – beer /bɪər/

amžius (*žmogaus*) – age /eɪdʒ/

ananasas – pineapple /ˈpaɪnæpl/

anglis (*medžio*) – charcoal /ˈtʃɑːrkəʊl/

anyta – mother-in-law /ˈmʌðərɪnˈlɔː/

ankstyvoji vaikystė – infancy /ˈɪnfənsi/

antakis – eyebrow /ˈaɪbraʊ/

antena – aerial /ˈeərɪəl/

antgalis – nozzle /ˈnɒzəl/

antis – duck /dʌk/

antkapis – tomb /tuːm/

anūkas, vaikaitis – grandson /ˈgrænsʌn/

anūkė, vaikaitė – granddaughter /ˈgrændɔːtər/

apačia – bottom /ˈbɒtəm/

apelsinas – orange /ˈɒrɪndʒ/

apgamas – mark /mɑːrk/

apkalimas/apmušimas plokštėmis – panelling /ˈpænəlɪŋ/

aplankas (*dokumentams*) – file /faɪl/

aplankyti – visit /ˈvɪzɪt/

apsauga – guard /gɑːrd/

apsiaustas – coat /kəʊt/

apsiniaukęs – overcast /ˈəʊvərkɑːst/

apsukrus – shifty /ˈʃɪfti/

aptukęs – obese /əʊˈbiːs/

apvalus – round /raʊnd/

arena važinėti ratukinėmis pačiūžomis – roll-skating rink /ˌrəʊlskeɪtɪŋ ˈrɪŋk/

arfa – harp /hɑːrp/

arogantiškas, pasipūtęs – arrogant /ˈærəgənt/

ašigalis – pole /pəʊl/

ataskaita; pranešimas – report /rɪˈpɔːrt/

atgal – backwards /ˈbækwərdz/

atidarytas – open /ˈəʊpən/

atodrėkis – thaw /θɔː/

atsakingas – responsible /rɪˈspɒnsəbəl/

atsipalaidavęs, neįsitempęs – relaxed /rɪˈlækst/

atsipalaidavęs, nerūpestingas – laid back /ˌleɪd ˈbæk/

atstovas – rep /rep/

àukštas – tall /tɔːl/

aukštyn kojomis – upside down /ˌʌpsaɪd ˈdaʊn/

aukštuma – highland /ˈhaɪlənd/

aulinis batas – boot /buːt/

ausinės – headphones /ˈhedfəʊnz/

ausis – ear /ɪər/

automobilis – car /kɑːr/

avarija – accident /ˈæksɪdənt/

aviena – mutton /ˈmʌtən/

avietė – raspberry /ˈrɑːzberi/

Avinas (*Zodiako ženklas*) – Aries /ˈeər(ɪ)iːz/

avokadas – avocado /ˌævəˈkɑːdəʊ/

B

bagažas – luggage /ˈlʌgɪdʒ/

bagažinė – boot /buːt/

baidarė – canoe /kəˈnuː/

balkonas – balcony /ˈbælkəni/

balnas – saddle /ˈsædl/

balsuotojas – voter /ˈvəʊtər/

baltas – white /waɪt/

bamba – navel /ˈneɪv(ə)l/

bambėti, skųstis – grumble /ˈgrʌmb(ə)l/

bananas – banana /bəˈnɑːnə/

bankas – bank /bæŋk/

banko sąskaita – account /əˈkaʊnt/

baras – bar /bɑːr/

baritonas – baritone /ˈbærɪtəʊn/

batas – shoe /ʃuː/

bažnyčia – church /ˈtʃɜːrtʃ/

bedarbis – jobless /ˈdʒɒbləs/

beformis – shapeless /ˈʃeɪpləs/

bėgti – run /rʌn/, ran /ræn/, run /rʌn/

belaidis – cordless /ˈkɔːrdləs/

benamis – homeless /ˈhəʊmləs/

bendraklasis – classmate /ˈklɑːsmeɪt/

bendrojo lavinimo (mokykla) – secondary /ˈsekəndri/

biblioteka – library /ˈlaɪbrəri/

bidė – bidet /ˈbiːdei/

bilietas į vieną pusę – single /ˈsɪŋg(ə)l/

bilietas ten ir atgal – return /rɪˈtɜːrn/

biuras – office /ˈɒfɪs/

blankas – form /fɔːrm/

blankus – pale /peɪl/

blauzda – calf /kɑːf/

bosas – bass /bæs/

braškė – strawberry /ˈstrɔːbəri/

briuselinis kopūstas – Brussels sprout /ˈbrʌsəlz spraʊt/

brokolis, šparaginis kopūstas – broccoli /ˈbrɒkəli/

brolienė – sister-in-law /ˈsɪstərɪnˈlɔː/

brolis – brother /ˈbrʌðər/

buferis – bumper /ˈbʌmpər/

būgnas – drum /drʌm/

buhalteris – accountant /əˈkaʊntənt/

bulvė – potato /pəˈteɪtəʊ/

burė – sail /seɪl/

buriuoti – sail /seɪl/

burna – mouth /maʊθ/

burokėlis – beetroot /ˈbiːtruːt/

C

chalatas – gown /gaʊn/

charakteris – character /ˈkærɪktər/

cheminis sušukavimas – perm /pɜːrm/

choras – choir /ˈkwaɪər/

chorinis – choral /ˈkɔːrel/

cilindro formos – cylindrical /sɪˈlɪndrɪkəl/

citrina – lemon /ˈlem(ə)n/

Č

čekis – check, cheque /tʃek/

česnakas – garlic /ˈgɑːrlɪk/

čiaupas – tap /tæp/

čiobrelis – thyme /taɪm/

čiužinys – mattress /ˈmætrɪs/

D

dailus – shapely /ˈʃeɪpli/

dalyti – divide /dɪˈvaɪd/

danties skausmas – toothache /ˈtuːθeɪk/

dantis – tooth /tuːθ/, *dgsk.* teeth /tiːθ/

dantų krapštukas – toothpick /ˈtuːθpɪk/

dantų pasta – toothpaste /ˈtuːθpeɪst/

dantų šepetukas – toothbrush /ˈtuːθbrʌʃ/

darbas – job /dʒɒb/

darbininkas – worker /ˈwɜːrkər/

dauba/loma (*gili, išgraužta vandens*) – gully /ˈgʌli/

daugiabutis namas – apartment block /əˈpɑːrtmənt ˈblɒk/

dažai – paint /peɪnt/

dažyti – dye /dai/

dažomasis volelis – roller /ˈrəʊlər/

debesis – cloud /klaʊd/

debesuotas – cloudy /ˈklaʊdi/

dėdė – uncle /ˈʌŋkl/

degalai – fuel /ˈfjuːəl/

degintis saulėje – tan /tæn/

dejuoti – moan /məʊn/

dekanas – dean /diːn/

dėlionė – puzzle /ˈpʌzl/

demonstracija – demonstration /ˌdemənˈstreɪʃən/

desertas – dessert /dɪˈzɜːrt/

dėstytojas (*koledžo, kolegijos, universiteto*) – don /dɒn/

dezodorantas – antiperspirant
   /ˌæntɪˈpɜːrspɪrənt/
didelis nerangus žmogus – jumbo /ˈdʒʌmbəʊ/
dilbis – forearm /ˈfɔːrɑːrm/
diplomatiškas – diplomatic /ˌdɪpləˈmætɪk/
dirbti – work /wɜːrk/
direktorius – manager /ˈmænɪdʒər/
dirigentas – conductor /kənˈdʌktər/
diržas – belt /belt/
diskelis – floppy /ˈflɒpi/
dramblio kaulas – ivory /ˈaɪvəri/
dramblys – elephant /ˈelɪfənt/
drąsus – brave /breɪv/
draugiškas – friendly /ˈfrendli/
dredai (*žarg.*), veltinės kaselės – dreadlocks
   /ˈdredlɒks/
driežas – lizard /ˈlɪzərd/
druska – salt /sɔːlt/
dubuo – bowl /bəʊl/
duktė – daughter /ˈdɔːtər/
dukterėčia – niece /niːs/
dulkių siurblys – hoover /ˈhuːvər/
dulksna, smulkus lietus – drizzle /ˈdrɪzl/
dūsauti – sigh /sai/
dušas – shower /ˈʃaʊər/
dvasininkas – priest /priːst/
dviaukštė lova – bunk bed /ˈbʌŋk ˌbed/
Dvyniai (*Zodiako ženklas*) – Gemini
   /ˈdʒemɪnai/
džemperis – jumper /ˈdʒʌmpər/

E, Ė

ekranas – screen /skriːn/
elektra – electricity /ˌelɪkˈtrɪsəti/
elektrikas – electrician /ˌelɪkˈtrɪʃən/
elektrinė – power plant /ˈpaʊər plɑːnt/
elgeta – beggar /ˈbegər/
elipsė – ellipse /ɪˈlɪps/
elipsinis – elliptical /ɪˈlɪptɪkəl/
elnias – deer /ˈdɪər/
emulsiniai dažai – emulsion /ɪˈmʌlʃən/
entuziastingas – enthusiastic /ɪnˌθjuːzɪˈæstɪk/
ėriena – lamb /læm/
ežeras – lake /leɪk/
ežerynas – lakeland /ˈleɪklənd/

F

figa – fig /fɪg/
figūra – figure /ˈfɪgər/
fleita – flute /fluːt/
forma – shape /ʃeɪp/
fortepijonas – grand piano /ˈgrænd pɪˈænəʊ/
fotelis – armchair /ˈɑːrmtʃeər/
futbolas – football /ˈfʊtbɔːl/

G

galinis – rear /ˈrɪər/
galvos skausmas – headache /ˈhedeɪk/
gaminti valgį – cook /kʊk/
garažas – garage /ˈgærɑː(d)ʒ/
garbanotas – curly /ˈkɜːrli/
garsas – sound /saʊnd/
garso kolonėlė – speaker /ˈspiːkər/
garso signalas – horn /hɔːrn/
garvežys – engine /ˈendʒɪn/
gazuotas vanduo – soda /ˈsəʊdə/
gėlių parduotuvė – florist's /ˈflɒrɪsts/
gelsvai rausvas – salmon /ˈsæmən/
gelsvai žalias, alyvų spalvos – /ˈɒlɪv/
geltonas – yellow /ˈjeləʊ/
genealoginis – genealogical /ˌdʒiːnɪəˈlɒdʒɪkəl/
gepardas – cheetah /ˈtʃiːtə/
gerbiamas – respectable /rɪˈspektəbl/
gerklė – throat /θrəʊt/
giedras (dangus) – cloudless /ˈklaʊdləs/
gimimo diena – birthday /ˈbɜːrθdei/
giminaitis – relative /ˈrelətɪv/
gitara – guitar /gɪˈtɑːr/
gydytojo kabinetas – surgery /ˈsɜːrdʒəri/
gynėjas (*futbole*) – defender /dɪˈfendər/
gyvatvorė – hedge /hedʒ/
gyvybingas, linksmas – lively /ˈlaɪvli/
glaudės – trunks /trʌŋks/
globėjiškas – protective /prəˈtektɪv/
godus – greedy /ˈgriːdi/
gražus – handsome /ˈhænsəm/
grėblys – rake /reɪk/
greipfrutas – grapefruit /ˈgreɪpfruːt/

greitoji pagalba – emergency /ɪˈmɜːrdʒənsi/

griaustinis – thunder /ˈθʌndər/

grifas (*gitaros*) – neck /nek/

grindys – floor /flɔːr/

gripas – flu /fluː/

grybas – mushroom /ˈmʌʃruːm/

gruzdės – chips /tʃɪps/

gudrus – sly /slai/

H

hamakas – hammock /ˈhæmək/

hipopotamas – hippopotamus /ˌhɪpəˈpɒtəməs/

horizontas – horizon /həˈraɪzən/

horoskopas – horoscope /ˈhɒrəskəʊp/

I, Į

įgaubtas – concave /kɒnˈkeɪv/

įklijuoti – paste /peɪst/

ilgas – long /lɒŋ/

iltis – tusk /tʌsk/

imtuvas – tuner /ˈtjuːnər/

indaplovė – dishwasher /ˈdɪʃwɒʃər/

indas – dish /dɪʃ/

indauja – sideboard /ˈsaɪdbɔːrd/

indėlis – deposit /dɪˈpɒzɪt/

injekcija – injection /ɪnˈdʒekʃn/

internatinė mokykla – boarding school /ˈbɔːrdɪŋ skuːl/

interneto pokalbių svetainė – chatroom /ˈtʃætruːm/

inžinierius – engineer /ˌendʒɪˈnɪər/

įrankis – tool /tuːl/

irklas – paddle /ˈpædl/

isteriškas – hysterical /hɪsˈterɪkəl/

išbalęs – pale /peɪl/

išbėrimas – rash /ræʃ/

išdidus – proud /praʊd/

išgaubtas – convex /kɒnˈveks/

išlaidos – outgoings /ˈaʊtˌgəʊɪŋz/

išlaikyti (*egzaminą*) – pass /pɑːs/

išorėje, lauke – outside /aʊtˈsaɪd/

išpardavimas – sales /seɪlz/

išpuikęs – snooty /ˈsnuːti/

išsekęs – exhausted /ɪgˈzɔːstɪd/

išsimokėjimas – installment /ɪnˈstɔːlmənt/

išsišakojęs – split /splɪt/

ištikimas – loyal /ˈlɔɪəl/

įvažiavimas – driveway /ˈdraɪvwei/

įžvalgus – predictable /prɪˈdɪktəbl/

J

jaunasis, jaunikis – bridegroom /ˈbraɪdgruːm/

jaunoji, nuotaka – bride /braɪd/

jaunuolis – lad /læd/

jautiena – beef /biːf/

Jautis (*Zodiako ženklas*) – Taurus /ˈtɔːrəs/

jautrus – sensitive /ˈsensɪtɪv/

jungiklis – switch /swɪtʃ/

juodas – black /blæk/

juodasis serbentas – black currant /ˈblæk ˌkʌrənt/

juokingas – funny /ˈfʌni/

jūros kiaulytė – guinea pig /ˈgɪnɪ pɪg/

K

kaimynas – neighbour /ˈneɪbər/

kaina – price /praɪs/

kaklas – neck /nek/

kakta – forehead /ˈfɒrɪd/

kalafioras – cauliflower /ˈkɒlɪˌflauər/

kalakutas – turkey /ˈtɜːrki/

kalbėtis, šnekėtis – chat /tʃæt/

Kalėdos – Christmas /ˈkrɪsməs/

kalikas – swot /swɒt/

kalnų grandinė, kalnynas – chain /tʃeɪn/

kalva – hill /hɪl/

kampanija – campaign /kæmˈpeɪn/

kampas – corner /ˈkɔːrnər/

kampuotas (*veidas*) – square /skweər/

kanarėlė – canary /kəˈneəri/

kantrus – patient /ˈpeɪʃənt/

kapas – grave /greɪv/

karpis – carp /kɑːrp/

karštas – hot /hɒt/

kasa (*parduotuvėje*) – checkout /ˈtʃekaʊt/

kasa (*plaukų*) – plait /plæt/

kasininkas – cashier /kæˈʃɪər/
kastuvas – spade /speɪd/
kava – coffee /ˈkɒfi/
kavos staliukas – coffee table /ˈkɒfɪ ˌteɪbl/
kėdė – chair /tʃeər/
keleivis – passenger /ˈpæsɪndʒər/
kelis – knee /niː/
kempinė – sponge /spɒndʒ/
kepsninė – grill /grɪl/
kepsnys – steak /steɪk/
kepti – fry /fraɪ/
kerštingas – vindictive /vɪnˈdɪktɪv/
kiauliena – pork /pɔːrk/
kibiras – bucket /ˈbʌkɪt/
kietaširdis – ruthless /ˈruːθləs/
kikenti – giggle /ˈgɪgəl/
kilimas – carpet /ˈkɑːrpɪt/
kilimėlis – mat /mæt/
kilimo ir leidimosi takas – runway /ˈrʌnwei/
kioskas – kiosk /kiːɒsk/
kirpčiukai – fringe /frɪndʒ/
kirpti; kirsti – cut /kʌt/, cut /kʌt/, cut /kʌt/
kivis – kiwi /ˈkiːwi/
klarnetas – clarinet /ˌklærɪˈnet/
klasė (patalpa) – classroom /ˈklɑːsrʊm/
klasės draugas – classmate /ˈklɑːsmeɪt/
klaviatūra – keyboard /ˈkiːbɔːrd/
klavišas – key /kiː/
klavišinis instrumentas – keyboard /ˈkiːbɔːrd/
klijai – glue /gluː/
klimatas – climate /ˈklaɪmɪt/
klubas; šlaunis – hip /hɪp/
knygų spinta – bookcase /ˈbʊkkeɪs/
koja – leg /leg/
kokoso riešutas – coconut /ˈkəʊkəˈnʌt/
kolekcija – collection /kəˈlekʃn/
kometa – comet /ˈkɒmɪt/
komiškas – clownish /ˈklaʊnɪʃ/
kompiuteris – computer /kəmˈpjuːtər/
kompiuterių maniakas – nerd /ˈnɜːrd/
komplektas – suit /s(j)uːt/
komunija – communion /kəˈmjuːnjən/
koncertas – concert /ˈkɒnsərt/
kondicionierius – conditioner /kənˈdɪʃənər/

konferencija – conference /ˈkɒnfərəns/
kontrabosas – double bass /ˌdʌbl ˈbæs/
kontratenoras – countertenor /ˌkaʊntərˈtenər/
kontrolės/priežiūros taryba – supervisory
        board /ˌsuːpərˈvaɪzərɪ ˌbɔːrd/
kopa – dune /djuːn/
kopėčios – ladder /ˈlædər/
kopijuoti – copy /ˈkɒpi/
kopūstas – cabbage /ˈkæbɪdʒ/
korta – card /kɑːrd/
kostiumas – suit /s(j)uːt/
kotletas – chop /tʃɒp/
krabas – crab /kræb/
krantas (jūros, ežero) – shore /ʃɔːr/
krantas (upės) – bank /bæŋk/
kranto linija – coastline /ˈkəʊstlaɪn/
kraštas, pakraštys – edge /edʒ/
kraštovaizdis – landscape /ˈlændskeɪp/
kratyti – shake /ʃeɪk/, shook /ʃʊk/, shaken
        /ˈʃeɪk(ə)n/
kraujas – blood /blʌd/
kreditinė kortelė – credit card /ˈkredɪt ˈkɑːrd/
kreida – chalk /tʃɔːk/
kreminė spalva (beveik balta) – off-white
        /ˈɒfwaɪt/
krepšinis – basketball /ˈbɑːskɪtbɔːl/
kresnas – stocky /ˈstɒki/
krevetė – shrimp /ʃrɪmp/
kriauklė, plautuvė – sink /sɪŋk/
kriauklė, praustuvė – washbasin /ˈwɒʃbeɪsn/
kriaušė – pear /peər/
krikščioniškas – Christian /ˈkrɪstʃən/
krikštas – baptism /ˈbæptɪzəm/
kritiškas – critical /ˈkrɪtɪk(ə)l/
kruša – hail /heɪl/
krūtis – breast /brest/
kūdikystė – /ˈɪnfənsi/
kūgio formos – conical /ˈkɒnɪk(ə)l/
kūgis – cone /kəʊn/
kuklus – modest /ˈmɒdɪst/
kūnas – body /ˈbɒdi/
kuodas – bun /bʌn/
kupė – compartment /kəmˈpɑːrtmənt/
kupolas – dome /dəʊm/

kupranugaris – camel /ˈkæml/
kuprinė (*kelioninė*) – backpack /ˈbækpæk/
kurortas – resort /rɪˈzɔːrt/
kvepalai – perfume /ˈpɜːrfjuːm/
kvitas – receipt /rɪˈsiːt/

L

labai – very /ˈveri/
laidotuvės – funeral /ˈfjuːnər(ə)l/
laikinas – temporary /ˈtemprəri/
laikrodis (*sieninis, stalinis, bokšto*) – clock
    /klɒk/
laimingas – happy /ˈhæpi/
laistymo žarna – hose /həʊz/
laisvalaikis – pastime /ˈpɑːstaɪm/
laiškininkas – postman /ˈpəʊstmæn/
lakūno kabina – cockpit /ˈkɒkpɪt/
landus – pushy /ˈpʊʃi/
lapė – fox /fɒks/
lašiša – salmon /ˈsæmən/
lauke, išorėje – outside /aʊtˈsaɪd/
ledynas – glacier /ˈglæsɪər/
leidimas – licence /ˈlaɪsəns/
lėkštė – plate /pleɪt/
lėlė – doll /dɒl/
lempa – lamp /læmp/
lenta (*mokyklinė*) – blackboard /ˈblækbɔːrd/
lenta, lentelė – board /bɔːrd/
lentyna – shelf /ʃelf/, *dgsk.* shelves /ʃelvz/
lentynėlė – rack /ræk/
lieknas – slender /ˈslendər/
lieknas – slim /slɪm/
liemuo, pusiaujas – waist /weɪst/
lietus – rain /reɪn/
liga – illness /ˈɪlnɪs/
ligoninė – hospital /ˈhɒspɪt(ə)l/
linksmas – cheerful /ˈtʃɪərfl/
linktelėti galva – nod /nɒd/
liūtas – lion /ˈlaɪən/
Liūtas (*Zodiako ženklas*) – Leo /ˈliːəʊ/
lyginti – iron /ˈaɪərn/
lygintuvas – iron /ˈaɪərn/
lyguma – plain /pleɪn/

logiškas – logical /ˈlɒdʒɪkəl/
logiškas, nuoseklus – consequential
    /ˌkɒnsɪˈkwenʃəl/
lokys – bear /beər/
losjonas po skutimosi – aftershave /ˈɑːftərʃeɪv/

M

maistas išsineštinai – takeaway /ˈteɪkeˌwei/
maisto prekių parduotuvė – grocer's /ˈgrəʊsəz/
makaronai – pasta /ˈpɑːstə/
makaronai (*sriubai*) – noodles /ˈnuːdlz/
malonumas – pleasure /ˈpleʒər/
mamutas – mammoth /ˈmæməθ/
mandarinas – tangerine /ˌtændʒəˈriːn/
mangas – mango /ˈmæŋgəʊ/
mašina – machine /məˈʃiːn/
megztinis, užvelkamas per galvą – pullower
    /ˈpʊləʊvər/
melionas – melon /ˈmelən/
mėlynas – blue /bluː/
meluoti – lie /lai/, lay /lei/, lain /lein/
menkė – cod /kɒd/
mergaitė – girl /gɜːrl/
Mergelė (*Zodiako ženklas*) – Virgo /ˈvɜːrgəʊ/
mėsa – meat /miːt/
mėsmalė – mincer /ˈmɪnsər/
meška – bear /beər/
mėta – mint /mɪnt/
metų laikas – season /ˈsiːzən/
ministras – minister /ˈmɪnɪstər/
mirktelėti – wink /wɪŋk/
mobilusis telefonas – mobile /ˈməʊbaɪl/
močiutė – grandmother /ˈgrænmʌðər/
modemas – modem /ˈməʊdəm/
mokinė, moksleivė – schoolgirl /ˈskuːlgɜːrl/
mokinys – pupil /ˈpjuːpl/
mokinys (*vyresnių klasių*) – student /ˈstjuːdnt/
mokinys, moksleivis – schoolboy /ˈskuːlbɔi/
mokinys, stažuotojas – apprentice /əˈprentɪs/
mokykla – school /skuːl/
mokytojas – teacher /ˈtiːtʃər/
moliūgas – pumpkin /ˈpʌmpkɪn/
moliuskas – mussel /ˈmʌs(ə)l/
monitorius – screen /skriːn/

morka – carrot /ˈkærət/

moša (*vyro sesuo*) – sister-in-law /ˈsɪstərɪnˈlɔː/

motina – mother /ˈmʌðər/

motorinė valtis – motorboat /ˈməʊtərbəʊt/

muilas – soap /səʊp/

muilinė – soap dish /səʊp ˌdɪʃ/

murmėti – murmur /ˈmɜːrmər/

N

namų ruoša – housework /ˈhaʊswɜːrk/

nardymas su akvalangu – scuba diving /ˈskuːbə ˌdaɪvɪŋ/

naršyti po internetą – surf /sɜːf/

naujokas; pirmakursis – frosh /frɒʃ/

nedrąsus – shy /ʃai/

negražus – plain /pleɪn/

neišlaikyti (*egzamino*) – fail /feɪl/

nektarinas – nectarine /ˌnektəˈriːn/

nelaimingas – unhappy /ʌnˈhæpi/

nenuoširdus – insincere /ɪnsɪnˈsɪər/

nepastovus, besikeičiantis – changeable /ˈtʃeɪndʒəbl/

nepastovus, netvirtas – unstable /ʌnˈsteɪb(ə)l/

nerūpestingas – careless /ˈkeərləs/

nervingas – nervous /ˈnɜːrvəs/

neūžauga, žemo ūgio – midget /ˈmɪdʒət/

numatomas – foreseeing /fɔːrˈsiːɪŋ/

nuobodžiaujantis – bored /bɔːrd/

nuoseklus, logiškas – consequential /ˌkɒnsɪˈkwenʃəl/

nuoširdus – frank /fræŋk/

nuoširdus – sincere /sɪnˈsɪər/

nuotaika – mood /muːd/

nuotaka, jaunoji – bride /braɪd/

nusiminęs, netekęs vilties – desperate /ˈdespərɪt/

nusirašyti – crib /krɪb/

nusivylęs – disappointed /ˈdɪsəˈpɔɪntɪd/

nustebintas – amazed /əˈmeɪzd/

O

obojus – oboe /ˈəʊbəʊ/

obuolys – apple /ˈæpl/

oda – skin /skɪn/

odos spalva – complexion /kəmˈplekʃ(ə)n/

optimistiškas – optimistic /ˌɒptɪˈmɪstɪk/

oranžinis – orange /ˈɒrɪndʒ/

oras – weather /ˈweðər/

orkaitė – oven /ˈəʊvən/

oro uosto salė – terminal /ˈtɜːrmɪnəl/

ovalus – oval /ˈəʊvəl/

Ožiaragis (*Zodiako ženklas*) – Capricorn /ˈkæprɪkɔːrn/

P

paauglys – teenager /ˈtiːneɪdʒər/

pabrolys – bridesman /ˈbraɪdzmæn/

padanga – tyre (*Am.* tire) /ˈtaɪər/

padavėja – waitress /ˈweɪtrɪs/

padavėjas – waiter /ˈweɪtər/

padėklas – pad /pæd/

pagalvėlė – cushion /ˈkʊʃən/

pagyrimas – praise /preɪz/

pailgas – oblong /ˈɒblɒŋ/

pajamos – income /ˈɪŋkʌm/

pakantus – tolerant /ˈtɒlərənt/

paklusnus – obedient /əʊˈbiːdɪənt/

pakrantė – coast /kəʊst/

palaidi (*plaukai*) – loose /luːs/

palangė – sill /sɪl/

palūkanos – interest /ˈɪntrɪst/

pamergė – bridesmaid /ˈbraɪdzmeɪd/

paminklas – monument /ˈmɒnjʊmənt/

pamokų praleidinėtojas – truant /ˈtruːənt/

paniuręs – moody /ˈmuːdi/

paplūdimys – beach /biːtʃ/

paprastas, įprastas – plain /pleɪn/

pardavimas – sales /seɪlz/

parduotuvė – shop /ʃɒp/

pareiga – duty /ˈdjuːti/

parlamento narys – MP /emˈpiː/

pasiflora – passion fruit /ˈpæʃən ˌfruːt/

pasikirpti (*plaukus*) – trim /trɪm/

pasipūtęs, arogantiškas – arrogant /ˈærəgənt/

pasiūlymas – offer /ˈɒfər/

pasyvus – passive /ˈpæsɪv/

paskaita – lecture /ˈlektʃər/

paskola – loan /ləʊn/

paslaugus – helpful /ˈhelpf(ə)l/

pastatas – building /ˈbɪldɪŋ/

pašiūrė – shed /ʃed/
pašto dėžutė – postbox /ˈpəʊstbɒks/
pašto indeksas – code /kəʊd/
pašto ženklas – stamp /stæmp/
patalpa – room /ruːm/
patemptas (*raumuo*) – strained /streɪnd/
patenkintas – content /ˈkɒntent/
patikimas – dependable /dɪˈpendəbl/
patikimas, tikras – reliable /rɪˈlaɪəbl/
patrauklus – attractive /əˈtræktɪv/
patrulis – patrol /pəˈtrəʊl/
paukštiena – poultry /ˈpəʊltri/
pavasaris – spring /sprɪŋ/
paveiktas, sujaudintas – affected /əˈfektɪd/
pažastis – armpit /ˈɑːrmpɪt/
pažymys – mark /mɑːrk/
pėda, koja – foot /fʊt/, *dgsk.* feet /fiːt/
pedalas – pedal /ˌpiːd(ə)l, ˈped(ə)l/
peilis – knife /naɪf/, *dgsk.* knives /naɪvz/
pelė – mouse /maʊs/
pelenų spalva – ash /æʃ/
pelės kilimėlis – mousepad /ˈmaʊsˌpæd/
perėja kalnuose – pass /pɑːs/
pergolė – espalier /ɪˈspælɪei/
peronas – platform /ˈplætfɔːrm/
persikas – peach /piːtʃ/
persikų spalva – peach /piːtʃ/
personalas – staff /stɑːf/
pervargęs – down /daʊn/
pesimistiškas – pessimistic /ˌpesɪˈmɪstɪk/
petys – shoulder /ˈʃəʊldər/
petnešos – braces /ˈbreɪsɪz/
petražolė – parsley /ˈpɑːrsli/
pieštukas – pencil /ˈpensl/
pievelė, veja – lawn /lɔːn/
pilkas – grey /grei/
pilnametis, suaugęs žmogus – adult /ˈædʌlt/
pipirai – pepper /ˈpepər/
piramidė – pyramid /ˈpɪrəmɪd/
pirkėjas – customer /ˈkʌstəmər/
pirmakursis; naujokas – frosh /frɒʃ/
pirmininkas – chairman /ˈtʃeərmən/
pirmyn, į priekį – forwards /ˈfɔːrˈwədz/
pirštas (*kojos*) – toe /təʊ/

pirštas (*rankos*) – finger /ˈfɪŋgər/
pirštinė – glove /glʌv/
pyragaitis – cake /keɪk/
pjauti – cut /kʌt/, cut /kʌt/, cut /kʌt/
plačiajuostis – broadband /ˈbrɔːdˈbænd/
plakatas – banner /ˈbænər/
plakiklis – mixer /ˈmɪksər/
plaukai – hair /heər/
plaukimo akiniai – goggles /ˈgɒglz/
plaukiojimas su kvėpavimo vamzdeliu –
     snorkelling /ˈsnɔːrkelɪŋ/
plaukmenys – flipper /ˈflɪpər/
plaukti – swim /swɪm/, swam /swæm/, swum
     /swʌm/
plaukų segtukas – clip /klɪp/
plaušinė šluota – mop /mɒp/
plytelės (*sienų, grindų*) – tile /taɪl/
plokščiakalnis – plateau /plæˈtəʊ/
poliarinis – polar /ˈpəʊlər/
policija – police /pəˈliːs/
politika – politics /ˈpɒlɪtɪks/
politikas – politician /ˌpɒlɪˈtɪʃən/
pomidoras – tomato /təˈmɑːtəʊ/
popierius – paper /ˈpeɪpər/
poras – leek /liːk/
pradedantis vaikščioti mažylis – toddler
     /ˈtɒdlər/
praktiškas – practical /ˈpræktɪk(ə)l/
pranešėjas – speaker /ˈspiːkər/
pranešimas; ataskaita – report /rɪˈpɔːrt/
praplikęs – bald /bɔːld/
prezidentas – president /ˈprezɪdənt/
priekinis automobilio stiklas – windshield
     /ˈwɪndʃiːld/
prieraišus – affectionate /əˈfekʃənət/
priežiūros/kontrolės taryba – supervisory
     board /ˌsuːpərˈvaɪzəri ˌbɔːrd/
prijuostė – apron /ˈeɪprən/
prislėgtas – depressed /dɪˈprest/
produkcija – production /prəˈdʌkʃən/
profesionalus sportininkas, -ė – professional
     /prəˈfeʃənl/
proporcingas – proportional /prəˈpɔːrʃən(ə)l/
protingas – reasonable /ˈriːzən(ə)bl/
prunkšti – sniff /snɪf/

puodas – pot /pɒt/
puodelis – cup /kʌp/
puodukas – mug /mʌg/
puolėjas – striker /ˈstraɪkər/
pupelės – beans /biːnz/
pusapvalis – semi-circular /ˌsemɪˈsɜːrkjʊlər/
pusbrolis – cousin /ˈkʌz(ə)n/
pusiasalis – peninsula /pɪˈnɪns(j)ʊlə/
pusiaujas, liemuo – waist /weɪst/
pusrutulis – semicircle /ˈsemɪsɜːrk(ə)l/
pusseserė – cousin /ˈkʌz(ə)n/
putli – plump /plʌmp/
putos – foam /fəʊm/

R

racionalus – rational /ˈræʃən(ə)l/
radiatorius – radiator /ˈreɪdɪeɪtər/
raganosis – rhino /ˈraɪnəʊ/
raketa – racket /ˈrækɪt/
ramus – calm /kɑːm/
ranka – arm /ɑːrm/
ranka (*plaštaka*) – hand /hænd/
rankinis stabdis – handbrake /ˈhændbreɪk/
rankovė – sleeve /sliːv/
rankšluostis – towel /ˈtaʊəl/
rašomasis stalas – desk /desk/
ratas – wheel /wiːl/
ratlankis – rim /rɪm/
raudonas – red /red/
raudonėlis – oregano /orɪˈgɑːnəʊ/
raudonmedžio spalva – mahogany /məˈhɒgəni/
rauginti kopūstai – sauerkraut /ˈsaʊərkraʊt/
raukšlė – wrinkle /ˈrɪŋkl/
raumeningas – beefcake /ˈbiːfkeɪk/
raumeningas – muscular /ˈmʌskjʊlər/
raumeningas, stiprus – beefy /ˈbiːfi/
raumuo – muscle /ˈmʌsəl/
rausvai rudas – reddish brown /ˈredɪʃ ˈbraʊn/
razina – raisin /ˈreɪzɪn/
reaktyvinis lėktuvas – jet /dʒet/
receptas (*vaistams*) – prescription /prɪˈskrɪpʃ(ə)n/
redaguoti – edit /ˈedɪt/
registracijos vieta (*oro uoste*) – check-in /ˈtʃekɪn/

registratorė – receptionist /rɪˈsepʃɪnɪst/
reguliatorius – regulator /ˈregjʊleɪtər/
reikmenys – gear /gɪər/
reitingas – ranking /ˈræŋkɪŋ/
reklaminis gaminys – promotion /prəˈməʊʃ(ə)n/
rėkti, klykti – yell /jel/
rekvizitas (*teatro*) – prop /prɒp/
rėmas – frame /freɪm/
remontas – renovation /ˌrenəˈveɪʃ(ə)n/
restoranas – restaurant /ˈrestrɔːŋ/
riba – limit /ˈlɪmɪt/
ridikėlis – radish /ˈrædɪʃ/
riebaluotas (*apie plaukus*) – greasy /ˈgriːsi/
riedlenčių sportas – skateboarding /ˈskeɪtbɔːrdɪŋ/
rinkimai – election /ɪˈlekʃn/
rinkimų lankstinukas – pamphlet /ˈpæmflɪt/
rinkimų urna – ballot /ˈbælət/
rojalis – grand piano /ˈgrænd pɪˈænəʊ/
rombas – rhombus /ˈrɒmbəs/
rombo formos – rhombic /ˈrɒmbɪk/
rotušė – town hall /ˈtaʊn ˌhɔːl/
rožinis – pink /pɪŋk/
rudas – brown /braʊn/
ruduo – autumn /ˈɔːtəm/
rūkas – fog /fɒg/
rūkytas – smoked /sməʊkt/
rūmai – palace /ˈpælɪs/
rusvai žalsvas – khaki /ˈkɑːki/
rutulio formos – spherical /ˈsferɪk(ə)l/
rutulys – sphere /sfɪər/

S

sala – island /ˈaɪlənd/
salieras – celery /ˈseləri/
salynas – archipelago /ɑːrkɪˈpeləgəʊ/
salota – lettuce /ˈletɪs/
salotos – salad /ˈsæləd/
sankaba – clutch /klʌtʃ/
sankryža – crossroads /ˈkrɒsˈrəʊdz/
santechnikas – plumber /ˈplʌmər/
sąsiuvinis – notebook /ˈnəʊtbʊk/
sąskaita (*banko*) – account /əˈkaʊnt/
sąskaita (*restorane*) – bill /bɪl/
saulėtas – sunny /ˈsʌni/

savanoris – volunteer /ˌvɒlənˈtɪə/
sąvaržėlė – clip /klɪp/
savitarna – self-service /ˌselfˈsɜːrvɪs/
scena – stage /steɪdʒ/
sėdynė – seat /siːt/
segiklis – stapler /ˈsteɪplər/
sekretorė – secretary /ˈsekrət(ə)ri/
senelė – grandmother /ˈgrænmʌðər/
senelis – grandfather /ˈgrænfɑːðər/
senoviškas – vintage /ˈvɪntɪdʒ/
sergantis – ill /ɪl/
servetėlė – napkin /ˈnæpkɪn/
(į)sėsti (*į lėktuvą, traukinį ir pan.*) – board /bɔːrd/
sesuo – sister /ˈsɪstər/
siekiantis, trokštantis – ambitious /æmˈbɪʃəs/
sienų apmušalai – wallpaper /ˈwɔːlpeɪpər/
silkė – herring /ˈherɪŋ/
siuntinys – parcel /ˈpɑːrsəl/
skaisčiai raudonas – scarlet /ˈskɑːrlɪt/
skaisčiai žalias – emerald /ˈemərəld/
skaitiklis – meter /ˈmiːtər/
skaitlys (kompiuterio) – drive /draɪv/
skalbinių džiovykla – airer /ˈeərər/
skaudėti – hurt /hɜːrt/, hurt /hɜːrt/, hurt /hɜːrt/
skiepai – vaccine /ˈvæksɪn/
skylmuša – punch /pʌntʃ/
skystis – liquid /ˈlɪkwɪd/
skola – debt /det/
Skorpionas (*Zodiako ženklas*) – Scorpion /ˈskɔːrpɪən/
skrebutis – toast /təʊst/
skreitinukas – laptop /ˈlæpˌtɒp/
skrybėlė – hat /hæt/
skrybėlė – jaw /dʒɔː/
skrudintuvas – toaster /ˈtəʊstər/
skruostas – cheek /tʃiːk/
skruostikaulis – cheekbone /ˈtʃiːkbəʊn/
skubi pagalba – emergency /ɪˈmɜːrdʒənsi/
skulptūra – sculpture /ˈskʌlptʃər/
skumbrė – mackerel /ˈmækrəl/
skustuvas – razor /ˈreɪzər/
slaugytoja – nurse /nɜːrs/
slidė – ski /skiː/
slidinėjimas – skiing /ˈskiːɪŋ/
slidinėti – ski /skiː/

slidininkų keltuvas – ski lift /ˈskiː lɪft/
slyva – plum /plʌm/
smakras – chin /tʃɪn/
smėlėtas – sandy /ˈsændi/
smėlio spalva – beige /beɪʒ/
smėlio spalva – sand /sænd/
smidras – asparagus /əˈspærəgəs/
smilkinys – temple /ˈtempl/
smuikas – violin /ˌvaɪəˈlɪn/
smulkmeniškas – fussy /ˈfʌsi/
smulkus lietus, dulksna – drizzle /ˈdrɪzl/
sniegas – snow /snəʊ/
snieglenčių sportas – snowboarding /ˈsnəʊbɔːrdɪŋ/
snobiškas – snobbish /ˈsnɒbɪʃ/
sodas – garden /ˈgɑːrdən/
sodo skėtis (*nuo saulės*) – sunshade /ˈsʌnʃeɪd/
sodo takas – path /pɑːθ/
sofa – coach /kaʊtʃ/
sofa – sofa /ˈsəʊfə/
solistas – soloist /ˈsəʊləʊɪst/
sopranas – soprano /səˈprɑːnəʊ/
sostinė – capital /ˈkæpɪtəl/
spaudimas – pressure /ˈpreʃər/
spausdintuvas – printer /ˈprɪntər/
speiguotas – frosty /ˈfrɒsti/
spenelis – nipple /ˈnɪpl/
spintelė – cupboard /ˈkʌbərd/
sportinis batas – trainer /ˈtreɪnər/
sportinis kostiumas – tracksuit /ˈtræksuːt/
sriubos dubuo – tureen /tʊˈriːn/
sruogelės – highlights /ˈhaɪlaɪts/
stabdis – brake /breɪk/
stačiakampis – rectangular /rəkˈtæŋgjʊlər/
stalas – table /ˈteɪbl/
stalčius – drawer /drɔːr/
stalelis su ratukais – trolley /ˈtrɒli/
staltiesė – tablecloth /ˈteɪblklɒθ/
stažuotojas, mokinys – apprentice /əˈprentɪs/
stiebas (*laivo*) – mast /mɑːst/
stiklas (*lango*) – pane /peɪn/
stiklinė – glass /glɑːs/
stipendija – scholarship /ˈskɒlərʃɪp/
stiprintuvas – amplifier, amp (*šnek.*) /ˈæmplɪfaɪər/

stiuardesė – stewardess /ˈstjuːərdɪs/
styga – string /strɪŋ/
stogas – roof /ruːf/
stotis – station /ˈsteɪʃən/
straublys – trunk /trʌnk/
striukė su gobtuvu – anorak /ˈænəræk/
strykas – bow /bəʊ/
stropus, darbštus – diligent /ˈdɪlɪdʒənt/
suaugęs žmogus, pilnametis – adult /ˈædʌlt/
subankrutavęs – broke /brəʊk/
subrendęs – mature /məˈtjʊər/
sudaužytas, sugadintas – broken /ˈbrəʊkn/
sujaudintas, paveiktas – affected /əˈfektɪd/
sukaktis – anniversary /ˌænɪˈvɜːrsəri/
sulaužytas – broken /ˈbrəʊkn/
sumanus – resourceful /rɪˈsɔːrsfəl/
sūnėnas – nephew /ˈnefjuː/
sunkvežimis – lorry /ˈlɒri/
sūnus – son /sʌn/
sūpuoklės – swing /swɪŋ/
sūris – cheese /tʃiːz/
susidūrimas (aut.) – bump /bʌmp/
susijaudinęs – excited /ɪkˈsaɪtɪd/
susiraukti – frown /fraʊn/
suslėgto oro balionas – tank /tæŋk/
svainė – sister-in-law /ˈsɪstərɪnˈlɔː/
svainis – brother-in-law /ˈbrʌðərɪnˈlɔː/
svarstyklės – scale /skeɪl/
Svarstyklės (Zodiako ženklas) – Libra /ˈlaɪbrə/
sveikata – health /helθ/
sveikinti (šūksniais) – cheer /tʃɪər/
svirtis – lever /ˈliːvər/
svogūnas – onion /ˈʌnjən/
svogūnų laiškai – chive /tʃaɪv/

Š

šakutė – fork /fɔːrk/
šakutės lizdas – socket /ˈsɒkɪt/
šaldymo kamera, šaldyklė – freezer /ˈfriːzər/
šaldytuvas – fridge /frɪdʒ/
šaligatvio bortelis – kerb /kɜːrb/
šaligatvis – pavement /ˈpeɪvmənt/
šalikas – scarf /skɑːrf/
šalinti – delete /dɪˈliːt/
šalmas – crash hat /ˌkræʃ hæt/
šampanas – champagne /ʃæmˈpeɪn/

šampūnas – shampoo /ʃæmˈpuː/
šaškės – draughts /drɑːfts/
šaukštas – spoon /spuːn/
šaukštelis – teaspoon /ˈtiːspuːn/
šaukti – shout /ʃaʊt/
Šaulys (Zodiako ženklas) – Sagittarius
    /ˌsædʒɪˈteərɪəs/
šeima – family /ˈfæmɪli/
šepetukas – brush /brʌʃ/
šešuras (vyro tėvas) – father-in-law
    /ˈfɑːðərɪnˈlɔː/
šikšnosparnis – bat /bæt/
šimpanzė – chimpanzee /ˌtʃɪmpænˈziː/
šiukšlės – litter /ˈlɪtər/
šiukšlių dėžė – bin /bɪn/
šiukšlių semtuvėlis – dustpan /ˈdʌstpæn/
šykštus – mean /miːn/
šypsotis – smile /smaɪl/
šlaitas – slope /sləʊp/
šlaitas (nusileisti slidėmis) – ski slope /ˈskiː
    sləʊp/
šlapdriba – sleet /sliːt/
šlaunis; klubas – hip /hɪp/
šlepetė – slipper /ˈslɪpər/
šluostyti, valyti – wipe /waɪp/
šluota – broom /bruːm/
šluotelė – brush /brʌʃ/
šnarpšti – sniff /snɪf/
šnibždėti – whisper /ˈwɪspər/
šnypšti – hiss /hɪs/
šortai – shorts /ʃɔːrts/
špinatai – spinach /ˈspɪnɪdʒ/
šuoliai nuo tramplino – ski jumping /ˈskiː
    ˌdʒʌmpɪŋ/
šuoras (vėjo) – gust /gʌst/
švediškas stalas – smorgasbord /ˈsmɔːrgəsbɔːrd/
švelnus, geras – gentle /ˈdʒentl/
šventykla – temple /ˈtempl/
švilpti – whistle /ˈwɪsl/

T

tamsiai mėlyna – navy blue /ˈneɪvi bluː/
tamsiai raudona – ruby /ˈruːbi/
tankūs (antakiai) – bushy /ˈbʊʃi/
tapetai – wallpaper /ˈwɔːlpeɪpər/

tarpas (*tarp lentynų*) – aisle /aɪl/
tarpeklis – ravine /rəˈviːn/
teatras – theatre (*Am.* theater) /ˈθɪətər/
telefonų knyga – directory /dɪˈrektəri/
temperatūra – temperature /ˈtemprətʃər/
tenisas – tennis /ˈtenɪs/
tenoras – tenor /ˈtenər/
teptukas – paintbrush /ˈpeɪntbrʌʃ/
terasa – terrace /ˈterəs/
teta – aunt /ˈɑːnt/
tėvas – father /ˈfɑːðər/
tiesiai nukirpti plaukai – bob /bɒb/
tigras – tiger /ˈtaɪgər/
tiltas – bridge /brɪdʒ/
tingus – lazy /ˈleɪzi/
tinkas – plaster /ˈplɑːstər/
tirpti – melt /melt/
tylus – quiet /ˈkwaɪət/
tolimas – distant /ˈdɪstənt/
tornadas – twister /ˈtwɪstər/
tortas – cake /keɪk/
tradicija – tradition /trəˈdɪʃn/
tramvajus – tram /træm/
trapecija – trapezium /trəˈpiːzɪəm/
treningo bluzonas – sweatshirt /ˈswetʃɜːrt/
treniruoti – train /treɪn/
trešnė – sweet cherry /ˈswiːt tʃeri/
tribūna – rostrum /ˈrɒstrəm/
trikampis (*kas*) – triangle /ˈtraɪæŋgl/
trikampis (*koks*) – triangular /traɪˈæŋgjʊlər/
trimitas – trumpet /ˈtrʌmpɪt/
trintukas – rubber /ˈrʌbər/
trombonas – trombone /trɒmˈbəʊn/
tropikų – tropical /ˈtrɒpɪkl/
tualetas – toilet /ˈtɔɪlɪt/
tūba – tuba /ˈtjuːbə/
turintis vilčių – hopeful /ˈhəʊpfl/
tušinukas – biro /ˈbaɪrəʊ/
tvarkaraštis – schedule /ˈʃedjuːl/
tvenkinys – pond /pɒnd/
tvora – fence /fens/

U, Ū

ugnis – fire /ˈfaɪər/
ūmus – impulsive /ɪmˈpʌlsɪv/

ungurys – eel /iːl/
uniforma – uniform /ˈjuːnɪfɔːrm/
universitetas – university /ˌjuːnɪˈvɜːrsɪti/
uodega – tail /teɪl/
uola – cliff /klɪf/
uošvė – mother-in-law /ˈmʌðɪnˈlɔː/
uošvis – father-in-law /ˈfɑːðɪnˈlɔː/
upelis – stream /striːm/
upėtakis – trout /traʊt/
ūsai – moustache /məˈstɑːʃ/
uždanga (*scenos*) – curtain /ˈkɜːrtən/
uždegimas (*aut.*) – ignition /ɪgˈnɪʃn/
užgaidus – capricious /kəˈprɪʃəs/
užjaučiantis – sympathetic /ˌsɪmpəˈθetɪk/
užkandis – starter /ˈstɑːrtər/
užkrečiamas – contagious /kənˈteɪdʒəs/
užmaršus – forgetful /fəˈgetfl/
užšaldyti – freeze /friːz/, froze /frəʊz/, frozen /ˈfrəʊzn/
užtemimas – eclipse /ɪˈklɪps/
užuolaida – curtain /ˈkɜːrtn/

V

vadybininkas – manager /ˈmænɪdʒər/
vadovas, direktorius – manager /ˈmænɪdʒər/
vadovėlis – schoolbook /ˈskuːlbʊk/
vagonas – car /kɑːr/
vaikaitė, anūkė – granddaughter /ˈgrændɔːtər/
vaikaitis, anūkas – grandson /ˈgrænsʌn/
vaikinas – lad /læd/
vaikų darželis-mokykla (*4–6 metų vaikams*) – kindergarten /ˈkɪndərgɑːrtən/
vairuotojas – driver /ˈdraɪvər/
vaistai – medicine /ˈmedsɪn/
vaistinė – pharmacy /ˈfɑːrməsi/
vakarėlis – party /ˈpɑːrti/
valdingas – dominant /ˈdɒmɪnənt/
valdžia – governement /ˈgʌvərnmənt/
valyti – clean /kliːn/
valyti, šluostyti – wipe /waɪp/
valytuvas (*automob. stiklų*) – wiper /ˈwaɪpər/
valtis – boat /bəʊt/
vamzdis – pipe /paɪp/
Vandenis (*Zodiako ženklas*) – Aquarius /əˈkweərɪəs/

variklio dangtis – bonnet /'bɒnɪt/
variklis – engine /'endʒɪn/
varlytė – bow-tie /ˌbəʊ'tai/
vartininkas – goalkeeper /'gəʊlkiːpər/
varžytinės – auction /'ɔːkʃən/
vasara – summer /'sʌmər/
vaza – vase /vɑːz/, *Am.* /veɪz/
važiuoti dviračiu – cycle /'saikəl/
veidas – face /feɪs/
veidrodis – mirror /'mɪrər/
veja – lawn /lɔːn/
veltinės kaselės, *žarg.* dredai – dreadlocks
     /'dredlɒks/
verkti – cry /krai/
veršiena – veal /viːl/
vestuvės – wedding /'wedɪŋ/
vežimėlis (*pirkinių*) – trolley /'trɒli/
vežimėlis (*vaikiškas*) – pram /præm/
Vėžys (*Zodiako ženklas*) – Cancer /'kænsər/
vėžlys – turtle /'tɜːrtl/
viduramžių – medieval /ˌmedɪ'iːvl/
vidus – inside /ɪn'said/
vidutiniškas (*klimatas*) – moderate /'mɒdərɪt/
vienintelis – only /'əʊnli/
vienišas – lonely /'ləʊnli/
vieta – place /pleɪs/
vieta – seat /siːt/
vieta (*buvimo*) – location /ləʊ'keɪʃən/
vilkas – wolf /wʊlf/, *dgsk.* wolves /wʊlvz/
vilnonis – woollen /'wʊlən/
violetinis – purple /'pɜːrpəl/
violončelė – cello /'tʃeləʊ/
viryklė – cooker /'kʊkər/
viršgarsinis – supersonic /ˌs(j)uːpər'sɒnɪk/
viršyti (*rekordą*) – break /breɪk/, broke /brəʊk/,
     broken /'brəʊkən/
viršukalnė – summit /'sʌmɪt/
virtuvė – kitchen /'kɪtʃɪn/
visata – Universe /ˌjuːnɪ'vɜːrs/
vištiena – chicken /'tʃɪkɪn/
vitrina – display /dɪs'plei/
vynuogė – grape /greɪp/
vyras (*sutuoktinis*) – husband /'hʌzbənd/
vyro/žmonos pusės giminės – in-laws /'ɪnlɔːz/

vyrukas – lad /læd/
vyšnia – cherry /'tʃeri/
vokas – envelope /'envələʊp/
vokas (*akies*) – eyelid /'ailɪd/
vonia – bath /bɑːθ/
vonios kambarys – bathroom /'bɑːθruːm/
vunderkindas – prodigy /'prɒdɪdʒi/

Z

zebras – zebra /'ziːbrə/
Zodiakas – Zodiac /'zəʊdiæk/

Ž

žaibas – lightning /'laitnɪŋ/
žaidimų aikštelė – playground /'pleɪgraʊnd/
žalias – green /griːn/
žalioji citrina – lime /laim/
žalsvai melsvas – turquoise /'tɜːrkɔɪz/
žąsis – goose /guːs/
žastas – upper arm /'ʌpər ˌɑːrm/
žemas (*apie ūgį*) – short /ʃɔːrt/
žemėlapio legenda – key /kiː/
žemės drebėjimas – earthquake /'ɜːrθkweɪk/
žemyninis – continental /ˌkʊntɪ'nentl/
žemo ūgio, neūžauga – midget /'mɪdʒət/
žemuma – lowland /'ləʊlənd/
ženklas – sign /sain/
židinys – fireplace /'faiərpleɪs/
žiedas – ring /rɪŋ/
žiedinė sankryža – roundabout /'raʊndəˌbaʊt/
žiedinis kopūstas – cauliflower /'kɒlɪˌflauər/
žiema – winter /'wɪntər/
žirafa – giraffe /dʒɪ'rɑːf/
žirniai – peas /piːz/
žiurkėnas – hamster /'hæmstər/
žiūrovai – audience /'ɔːdiəns/
žmonos/vyro pusės giminės – in-laws /'ɪnlɔːz/
žoliapjovė – mower /'məʊər/
žurnalas – magazine /ˌmægə'ziːn, 'mægəˌziːn/
Žuvys (*Zodiako ženklas*) – Pisces /'pɪsiːz/
žvaigždynas – constellation /ˌkɒnstə'leɪʃən/
žvakė – candle /'kændl/
žvakidė – candlestick /'kændlstɪk/